本书为湖南省教育科学“十三五”规划课题“地方本科院校在乡村老师支持计划中的作为研究——以湖南科技学院为例”(XJK016AFZ001)的成果。

百人学术文库

地方本科院校教师队伍建设研究

郑山明 / 著

光明日报出版社

图书在版编目（CIP）数据

地方本科院校教师队伍建设研究 / 郑山明著. --北京：光明日报出版社，2017.9

ISBN 978-7-5194-3448-9

Ⅰ.①地… Ⅱ.①郑… Ⅲ.①地方高校—师资队伍建设—研究—中国 Ⅳ.①G645.12

中国版本图书馆 CIP 数据核字（2017）第 237720 号

地方本科院校教师队伍建设研究

DIFANG BENKE YUANXIAO JIAOSHI DUIWU JIANSHE YANJIU

著　　者：郑山明

责任编辑：许　怡　　　　责任校对：赵鸣鸣

封面设计：中联学林　　　　责任印制：曹　净

出版发行：光明日报出版社

地　　址：北京市西城区永安路 106 号，100050

电　　话：010-67078251（咨询），67078870（发行），67019571（邮购）

传　　真：010-67078227，67078255

网　　址：http://book.gmw.cn

E - mail：xuyi@gmw.cn

法律顾问：北京德恒律师事务所龚柳方律师

印　　刷：三河市华东印刷有限公司

装　　订：三河市华东印刷有限公司

本书如有破损、缺页、装订错误，请与本社联系调换

开　　本：710×1000　1/16

字　　数：175 千字　　　　印　　张：14.5

版　　次：2018 年 1 月第 1 版　　　　印　　次：2018 年 1 月第 1 次印刷

书　　号：ISBN 978-7-5194-3448-9

定　　价：42.00 元

序

我和山明同志交往已有多年。他是20世纪80年代的硕士研究生，毕业后留在湘潭大学任教。90年代初作为人才引进到地方党委综合部门从事政策研究工作，几年后到双牌县委任常委，工作阅历比较丰富。90年代末回到永州市委任副秘书长，主要从事政务服务工作，负责为市委决策参政设谋。工作上的需要使他形成了较强的全局意识和大局思维。后来他调任市教育局局长兼党组书记，我也在湖南科技学院任党委书记，因工作上的关系接触就更多了，两个人经常就教育问题交换意见，在很多方面都有共识，并在加强高等教育与基础教育对接问题上进行过深入的探讨。交往中我明显感觉到山明同志对教育的那份执着与忠诚，永州基础教育也在那些年发生了深刻的变化。时隔多年以后，到2015年初，组织上把山明同志安排到湖南科技学院任党委委员、副院长，这时我已卸任学院党委书记一职，大部分时间都不在学院，与山明同志的接触反而比以前少了。不过由于自己对湖南科技学院那份难舍难分的情感，我依然十分关注学校的发展进步，对山明同志在学院的情况也较为了解。山明同志到学院后，主要协助院长分管人事工作。他工作认真负责，实事求是，既深入研究上级的人事工作政策，又广泛熟悉学校的人事工作实际，在上情与下情的结合上做文章，学校的人事工作特别是教师队伍建设出现了良好态势，郑山明同志的工作也得到了大多数教职员工的认可。

前不久郑山明同志给我寄来一沓书稿，约我为他写篇序文。这有点出乎我的意料，因为他做人一向比较低调，此前并没有听他说过写书的事。怀着好奇心花了几天时间看完了他的书稿，觉得书稿的主题和内容都是我比较熟悉的，我多少有些发言权，便借此机会说说我的一些感想。

专著主要论述地方本科院校的教师队伍建设。教师队伍建设是一个常说常新的话题，也是高等学校最重要的一项工作，其重要程度可以决定一所高校的兴衰荣枯。没有一支结构合理、素质过硬、富有爱心和激情的教师队伍，任何一所高校都无法实现持续快速健康发展。对地方本科院校来说，受各种因素的制约，教师队伍建设更是一本难念又不得不念的“经”。我曾经任职的湖南科技学院就是一所地方本科院校，2002 年由专科升格为本科。为了拓展学校的发展空间，学校必须加快学科和专业设置的步伐，尽快形成科学合理的学科专业布局，为学校持续发展奠定坚实基础。在这个过程中，最大的困难就是教师队伍建设，没有一定数量的专业教师做保障，任何学科和专业建设都是空中楼阁。所以，我当时和其他班子成员一起，到全国各地去招揽人才，虽然引进了不少优秀教师，很多专业课程也开起来了，为社会培养了不少急需人才，但内心的苦楚也是难以为外人道的。受学校地理位置、交通条件、经济实力、服务环境等方面的限制，很多优秀人才难引进，引进的人才难稳定，稳定的人才难提升。好些优秀的人才和我们接触后被我们的诚心打动，愿意来学校工作，等他们了解我们学校的区位和交通状况后，又委婉地谢绝了我们的邀请；不少已经到学校工作几年的优秀教师，也找各种理由离开了。望着那些想来又没来、来了又走了的教师，我们经常会发出一种无能为力的感叹。

看完山明同志的这本著作，我仿佛获得了一种朋友般的理解和顿悟般的快乐。作者首先对地方本科院校的特点做了客观的陈述，对教师队伍建设过程中存在的困难和问题做了深入的分析，对如何结合地方本科院校的实际建设教师队伍的方法和路径做了积极有益的探索。作者把加强教师队伍理想信念建设摆在首位，就如何坚定教师的理想信念提出了一些独到的见解，既体现了中国特色社会主义的基本内涵，又考虑了地方本科院校的特点。在加强教师专业能力建设和强化师德建设的论述上，并没有泛泛而谈，而是按照问题倒逼的思维方法，针对当前存在的带一定共性的问题提出了很多切实可行的措施，特别强调教师的专业能力建设要着眼转型发展和培养应用型人才的需要，着力提升实践教学能力。对当前地方本科院校师德、师风方面存在的问题，作者也表现出深沉的忧虑，从不同的方位提出了加强师德、师风建设的思路和方法。此外，作者就如何改善师生关系，优化师资队伍结构，营造良好的教师发展环境，都做了比较深入的思考和论述。可以说，作者集中讨论的问题都是当前事关地方本科院校生存发展的关键问题，表现出作者对地方高校情况的把握能力和善于抓主要矛盾的思维能力。

对一个教育工作者特别是教育管理者来说，确立什么样的教育思想，用什么样的教育理念指导教育工作十分重要。当前有关教学改革、地方本科院校转型发展的讨论十分热闹，各种各样的观点和理论令人眼花缭乱甚至手足无措。本书作者无论是分析问题、查找症结还是提出对策，都是以先进的教育思想和教育理念为指导，始终强调地方本科院校要突出创新这个主题、学生这个主体、学术这个主位。如果地方本科院校没有创新意识和行动，事事因循守旧、患得患失，是不可能实现转型发展目标的。如果继续固守“师道尊严”的传统观念，把学生当作被管制的对象，不承认学生的主体地位，那么永远培养不出人格健全、能力出众的大学生。如果始终用行政权力凌驾甚至取代学术权力，那么学校的学术氛围永远成不了气候，教师的合法权益永远无法保障。作者在行文过程中，始终体现出对高等教育发展规律和人才成长规律的尊重，体现出浓浓的教育情怀和扎实的教育底蕴。

与许多理论专著不同，本书没有高深的理论思辨，也没有故弄玄虚的概念堆砌，一字一句都是作者对分管工作中所遇到的现象和问题经过深入思考之后的真实表达。阅读此书，就像与老朋友烹茶闲聊，或内心共鸣，或会心微笑，抑或在某处引发出新的思考和争论。在这种闲聊般的阅读中，我们也能感觉到作者立足现实、放眼长远的思维方式，感觉到作者大处着眼、细处着力的工作方法，感觉到作者平实自然、真诚率性的叙述风格。往往能在不经意间给人以思考和启迪。

此为序。

管天球

2017年5月

（作者系湖南科技学院原党委书记、二级教授、国家级教学成果奖一等奖获得者）

目　录

CONTENTS

导　论

地方本科院校老师队伍建设亟待加强

一、地方本科院校的由来

地方本科院校是一个具有特定内涵的称谓，它作为一个专用名称出现还是近几年的事。2014 年初国务院常务会议做出“引导部分普通本科高校向应用技术型高校转型”的部署，教育部立即提出推动“1999 年以后新建的 600 多所地方本科高校实行转型”。如果说国务院常务会议上所表述的概念还有点宽泛的话，教育部的表述就十分明确了，既有时间的界定，还有数量的统计。① “地方本科高（院）校”就成了一个具有明确内涵和指向的概念了。“一般而言，地方本科院校是指伴随着高等教育管理体制改革的纵向深化和高等教育大众化进程的推进，通过合并升本、转制升本、民办升本和独立升本等多种方式大规模向地市级城市布点建立起来的本科层次高

---

① 对地方本科院校总数的统计因口径不一致而出现差异。据张金福教授统计，目前全国有本科高校 1145 所，其中地方本科院校有 1036 所，约占 91%；地方本科院校在校生超过 1250 万人，约占全日制本科在校生的 88%，每年为地方输送人才数量约在 500 至 600 万人之间。参见张金福：《提升地方本科高校的适切性：供给侧结构性改革的视角》，载《中国高教研究》，2017 年第 1 期。

校。”① 它们形成了一个独特的高校群体，既有别于老牌的位于一、二线城市的本科院校，又有别于地方一些职业专科学校。这个称谓有三重界定：一是地方性，多为位于三线城市的高校；二是专升本，大多数是由专科学校升格为本科，而不是建校之初就定位为本科的高校；三是新升本，就是办本科的时间比较短的高校。笔者以后所论及的地方本科院校都遵循这个界定。

虽然地方本科院校大都由专科升格而来，但其中存在差异性。有的是由一所专科学校升格为本科的，有的是由多所专科学校整合升格为本科的。无论单独升本还是整合升本，其主体大都是师范专科学校，超过70%的地方本科院校都是以师范专科学校为主体的。这缘于当年国家在教育机构布局上每个地市州基本上都有一所师范专科学校，部分县区有一所师范学校。在这个师范教育网络中，每所师范专科学校都具备相对丰富的师资优势和办学优势，都在当地具有较强的影响和辐射力，当时的各类地方专科学校很少有办学效果超过师范专科学校的，这些都成为升格为本科院校的家底和本钱。这导致地方本科院校具有先天的趋同性。只不过由多所专科学校整合的本科院校，其学科和专业基础相对扎实一些，在升本后的专业拓展中具备一定的优势，而单一由师专升格的本科院校，师范教育之外的专业都要白手起家、另起炉灶。

各地专升本的学校起点大致相同，后来的发展轨迹也大同小异。在学校发展目标定位上都追求大而全，利用高校扩招的机会坚持走外延发展的道路。老牌本科大学有的学科地方本科院校有，一线、二线城市的大学热门的专业地方本科院校也想有，底蕴浓厚的高校

---

① 陈永斌：《地方本科院校转型发展之困境与策略》，载《中国高教研究》，2014年第11期。

着力培养学术型和科研型人才，地方本科院校也把人才培养目标定位在同样的坐标上。学校发展定位的失误，一方面使原有的师范教育优势逐步丧失，师范教育专业逐渐被边缘化。另一方面地方本科院校与“地方”渐行渐远，人才培养与地方需求严重脱节，服务地方的职能日渐弱化。每所地方本科院校都在走同质化发展的路子，都在同一层面上进行竞争，都丧失了各自的办学特色和优势。一些新开办的专业师资力量严重不足，实验实训条件也难以满足教学需要，培养出来的学生质量得不到保证。

二、地方本科院校的特点

综合分析各地区地方本科院校的实际情况，大致可以归纳出以下明显特点。

一是区域优势欠佳。绝大多数地方本科院校都离省会城市比较远，早些年交通条件比较差，从学校到省会城市大都需要四五个小时的车程，有的高校距离更远，花在路上的时间长达八九个小时。后来交通条件改善了，通了高速公路或高速铁路，但大多数地方本科院校还存在可选择的交通工具和可乘车次比较少等问题，很多高校距离高铁站和高速公路互通比较远，而且道路不够通畅，教职员工出行和学校对外交往不够便捷，对人才引进和学术交流仍然存在明显的制约。交通条件的改善并没有提升大都市对地方本科院校的辐射带动能力，在学术影响、项目建设和政策支持方面仍然无法与省会城市的高校相提并论。与此同时，区位条件也决定了医疗卫生、教育文化资源的相对缺乏，不少地方本科院校的教师就是为了让子女受到更好的教育，让父母得到更好的疗养而想方设法调往省会城市的。地方本科院校所处的位置还决定其学术资源的相对短缺，与一、二线城市各类高校鳞次栉比、信息互通、优势互补的情况不同，地方本科院校往往是当地屈指可数甚至独一无二的本科高校，在高处不胜寒的状态中，无法形成集群效应，无法分享其他高校的资源，甚至无法营造浓厚的尊师重教的社会氛围。

二是生源质量欠佳。几乎所有的地方本科院校都是“二本”院校，由于缺乏有影响有特色的学科或专业，缺乏在高教界有影响有威望的名师，对考生的吸引力显得疲软。尽管很多地方本科院校都通过各种渠道把校名改得“高大上”，但每年的录取分数线都在最低分数线以上徘徊，也有部分考生慕“名”而来，报到时看到学校的交通、校园及周边设施配套，马上就掉头而走，大多数年份新生入学率都达不到95%。在转校比较容易的那些年，从地方本科院校转往省会城市高校的学生比例也在5%以上。相对于老牌本科院校和“211”“985”大学优中选优的生源质量，地方本科院校的人才培养显示出“先天不足”的症状。

三是办学基础欠佳。从硬件设施看，地方本科院校因其升格基础为专科学校，普遍存在校园面积比较狭窄的状况。原本只容纳五六千学生的学校，突然增加到上万人乃至几万人，生均校园面积严重不足，相应的体育娱乐设施也难以满足师生需要。有些地方本科院校虽在升本之后实施搬迁，校园面积比较宽广，但校内道路设施、园林绿化、运动场地包括文化底蕴都严重缺乏，给人的印象与其说是一所高校还不如说像一个开发区。虽然很多地方本科院校都进行了外延扩张，增加了一些基础设施，校园面积也或多或少有所扩大，但学校也因此留下了不少后遗症。一方面学校债务增加，国家实行高校化债政策后，很多高校仍然负债累累，目前还有不少地方本科院校负债过亿元，严重影响学校发展的速度和质量，特别在人才引进、教学科研奖励方面很多地方本科院校都显得心有余而力不足。另一方面是与当地居民的矛盾纠纷剪不断理还乱，特别在学校征地拆迁中，一些矛盾和问题久拖不决，随着国家安置政策的调整和土地价格的变化，有些旧的遗留问题又引发新的矛盾。这些新旧叠加的矛盾和问题既牵扯学校领导大量的时间和精力，也严重影响校园的和谐与安宁。再一方面就是学校在大兴土木的过程中，一些管理人员乃至学校的主要领导律己不严、违法乱纪，被追究党纪、政纪和法律责任，一度严重影响学校的教学和管理秩序，影响师生对学校的认可和信任，给学校带来的严重负面影响多年之后仍无法完全消除。

从软件设施看，地方本科院校也明显有基础不实之虞。在学科建设上，大多数专业都是“白手起家”，根基浅薄，既没有教学资源和教学经验的积累，也没有师资和相关人员的储备，起初几年甚至一些基础课程也开不出来，或临时从校外聘请兼职教师，或请校内其他相关专业的教师代课，相关的科研工作更是毫无基础可言。因为地方本科院校同质化倾向严重，各学校对师资的需求几近相似，相当一段时期内都难以引进有丰富教学、科研经验的教师，招聘进来的大多是刚从高校毕业的本科生或硕士生，这些专业课程的综合实力一直难以提高，教学质量难以保证。在实验实训上，一些工科专业缺少基本的仪器设备，特别是一些价格比较昂贵的大型设备，即便是专业教学急需也无力购置。有些仪器设备好不容易购置了，却找不到安装的场地，或者有设备有场地却找不到专业的实验老师，只好长期空置，发挥不了作用。不少实际操作都是老师像唱京剧一样用手势来模仿表达，所谓在教室里开机器，在黑板上种庄稼。在学校管理上，由于规模从专科升格为本科，学生成倍增长；级别从副厅升格为正厅，规模和层级的变化不仅扩大了管理人员的数量，也增加了管理工作的难度，优秀管理干部的稀缺，新形势下传统管理机制的失范，都使学校管理不可避免地经历了较长时期的磨合，少数地方本科院校至今都还没有找到或创建一套具有本校特色、符合本校实际的管理机制和模式，管理成本与管理效果不相匹配，影响学校各项工作的正常高效运转。

四是办学环境欠佳。地方本科院校自其成立之日起，就沿袭老牌本科院校的发展轨迹，关起门来抓教学搞科研，聚精会神培养高端学术和科研人才，完全游离于当地经济社会发展的现实，游离于当地党委政府的中心工作和发展思路，导致学校与地方老死不相往来。地方本科院校作为当地人才最集中、科技力量最强大的单位，对地方经济社会发展没有提供有效的决策资政和科技服务，因而学校的办学思路和教学业绩长期得不到地方的认可，学校遇到发展瓶颈也长期得不到地方的支持，地方本科院校每前进一步都要付出比老牌高校多得多的成本和努力。近些年随着国家政策导向的校正，校地关系正在进一步改善，合作也在不断扩大和深化，地方政府对学校的支持力度也在不断加大。但是很多地方本科院校所在地都是经济欠发达地区，地方政府的财力并不富裕，很多都是“吃饭财政”，根本挤不出财力来支持学校。地方本科院校的领导和老师每每听说广东、上海和省会城市一出手就是几十个亿扶持当地高校，只有暗自羡慕的份。同时，地方本科院校很多都在城郊接合部，相对于大都市市民成熟的公民意识，这里的居民对教育特别是对高等教育的认同感要差得多，尊师重教的意识要淡得多。不少学校附近的居民遵循传统靠山吃山、靠水吃水的原理，推演出了“靠校吃校”的道理，除了强包强揽学校的基建工程外，还经常向学校提出一些没有政策依据和道理的要求。

五是具有隐性优势。地方本科院校也有自身独具的优势，只不过其中不少优势还处于隐性状态，有待进一步挖掘和显现。首先是生态优势。地方本科院校因远离繁华都市和工业重镇，空气质量和水源质量相对较好，特别是一些偏远市州里的高校，其空气质量良好以上的天数占全年的三分之二强，校园周边河流的水质都在二类以上，师生员工可以随意享受“中流击水”的畅快。这些得天独厚的自然资源优势将随着人们生活质量的提高而日显珍贵。其次是地缘优势。地方本科院校与地方的经济、社会、文化有着天然的血脉联系。长期根植于这一方土地，熟悉当地的风土人情，了解当地的地形地貌和气候地理。只要地方本科院校校准了自身的发展目标，不亦步亦趋地套用老牌大学的办学思路，坚持为地方经济社会发展服务的方向不动摇，这种贴近地方的特点就能焕发出无限的生机。依托当地的资源特色、产业特色、文化特色和生态特色，做大做优学校的特色专业，做好做强教育精准扶贫工作，利用学校的科技优势为地方提供技术服务，开展横向课题研究和技术攻关，使校地合作、校企合作成为学校与地方共同发展的平台和契机，这样地方本科院校也将摆脱同质化发展的困境，打造自身独有的发展空间和办学特色。再次是人缘优势。很多当年从专科学校毕业的学生分布在当地机关企事业单位，有的从事教育教学和管理，有的是企业和商界的成功人士，还有的已成为主政一方的地方官员，他们对母校有着很强的归属感，十分关心母校的发展，也十分愿意为母校献计出力。如果地方本科院校真正重视和发挥好这支队伍的作用，他们将会从不同层次和不同角度，用不同方式给学校以支持，这种广泛而深厚的人脉资源，将成为地方本科院校接地气、促发展的重要力量。

三、地方本科院校师资队伍状况

如果说，上述地方本科院校的特点基本勾勒出了其办学情境的话，那么决定地方本科院校命运的关键还在于教师。在升本之前，这些学校的专业比较单一，师资力量也相对集中，有些学校的办学历史都在50年以上，教学和文化底蕴比较丰厚。升本之后，在急剧的规模扩张过程中，一方面原来比较集中的教学团队被拆分，很多教师被安排去重新学习新的专业知识，承担新的专业教学任务；另一方面，为弥补专业教师不足，大开招聘引进之门，无论博士还是硕士，只要与学校所设专业靠得上边的，统统被延上讲台，甚至一些本科生也被招聘进来，其情形有点类似当年普及九年义务教育的做法，为了解决教师不足的矛盾，将初中毕业生、企业职工乃至农转非的人员都作为代课教师走上三尺讲台去教书育人。这时期招进来的教师，能力素质参差不一，也一定程度上决定了目前地方本科院校师资队伍的基本特点。

1. 学术型多应用型少。地方本科院校升本之初，完全套用传统的高校办学模式，走学术至上、科研为重的发展路径。所以在招聘教师、引进人才时都是把眼光盯在那些学术型高校的毕业生身上，只关注他们是什么学历，是不是“出身”名校，而对他们的综合素质特别实践操作能力没有明确的概念和要求。学校在选送教师进修培训和访学时，都是将目标校圈定为学术型高校，在继续教育的路上他们仍然没有偏离学术研究的轨迹。学校在评价和考核教师的业绩时，主要看其课题立项和科研成果，以发表学术论文的档次和数量认定教师的能力和贡献。所有这些基于惯性思维的做法，导致地方本科院校师资成分过于单一。据统计，在国家提出地方本科院校转型发展的战略之前，地方本科院校有实践经历和操作能力的教师比例不足老师总数的10%。导致地方本科院校既不能与老牌大学比科研，又不能与职业院校比技能，只能在老牌大学和职业院校的夹缝中求生存、谋发展。在转型发展的路上，教师队伍的这一问题成了地方本科院校最大的障碍和制约。

2. 普通教师多领军人物少。全国六百多所地方本科院校都是在几年时间内同时升本的，这意味着那几年对高校教师的需要特别旺盛，出现严重的供不应求的现象。虽然每所高校专升本之前都进行了办学条件特别是师资力量的评估，但其中有一部分有硕士头衔的教师并不是实实在在的在校教师，而是临时从其他单位把档案调过来充数的，这部分所谓的“教师”从来没有在学校上过课，升本成功之后其档案又被调回原单位。这种情况表明大多数地方本科院校是在师资水平不完全达标的情况下升格的。成功升本之后既要弥补评估时留下的缺口，又要满足招生规模迅速扩大的需要，所以各地方本科院校都派出精干团队赴“211”“985”大学招聘毕业生。在这场师资争夺战中，地方本科院校受客观条件和自身经济实力的限制，只能先求数量上的满足而无力顾及质量上的优秀。虽然每所学校都经过了正常的招聘程序，但一般情况下只要是全日制的研究生都能够被录用，少数专业因研究生比较少，只能降格以求，招聘一些本科生。如能引进几个博士或名校的硕士，那更是非同寻常，脸上有光了。通过非常措施，地方本科院校在这几年的教师数量快速增加，较好地解决了专业课教学的需要。但整个教师队伍的能力结构呈现出扁平化状态，而不是金字塔式的立体状态，时至今日，地方本科院校具有博士学位和教授职称的教师比重远远低于沿海和省会以上城市的高校。特别突出的是缺乏教学科研的拔尖人才和领军人物。地方本科院校的教师虽然不乏优秀人才，但要在人才济济的高教战线脱颖而出并非易事，更需假以时日；想从大都市的高校和科研机构引进声名卓著的大师级人物，更不是凭借优厚的物质待遇就能够达成的愿望。所以，到目前为止，几乎所有的地方本科院校都没有院士级的专家，也没有长江学者、芙蓉学者领衔教学科研，甚至省级学科带头人也为数不多。这对于地方本科院校扩大自身影响，建设一流学科和专业，助推青年教师成长，都是不足为外人道的“软肋”。

3. 同质化多特色化少。多样化、特色化是当今全球高等教育发展的基本取向。每所高校都应有别人没有的特色和优势，都有在教学科研上别人无法取代的地位。这需要一大批专业特色和科研特色明显的教师团队，有人无我有的研究领域和方法。而绝大多数地方本科院校的教师队伍却呈现出严重的同质化现象。在专业知识上，各地方本科院校之间教师只存在量的差异，不存在类的不同，大家都在不同的学校研究和传授同样的内容，没有“剑走偏锋”的绝门独技；与老牌大学的教师比，地方本科院校的教师也只有质量和档次的差距，他们所追求的目标只不过是拉近和缩小这种差距。在专业教学上，各地方本科院校的教师依旧沿袭着传统的教学方法，迷恋“填鸭式”的教学模式，把学生的大多数时间和精力都锁定在教室内。在基础教育领域已经搞得风生水起的课堂教学改革，在地方本科院校仍然波澜不惊，很少有教师对现有的教学方法和教学效果进行深度反思，更鲜有人进行大胆的探索和实践。在专业素养上，很多地方本科院校的教师都具有相同或相似的专业成长道路，都是从高校到高校，从理论到理论，对校外火热的现实生活所知不多，对如何把自己所学的专业知识与生动社会实践结合起来不感兴趣或深感困惑。将自己的科研成果转化为现实生产力的能力严重缺乏，用专业理论解决经济社会建设中出现的实际问题的能力严重缺乏，培养和指导学生实际操作的能力严重缺乏。在年龄结构上，地方本科院校的教师也呈现出同类化的现象。升本时引进的多为高校毕业的学生，都处在相近的年龄阶段上，他们在相同的时段评聘助教、讲师，也会在相近的时间段竞聘高级职称，这无疑会大大增加学校职称评聘的压力，也容易挫伤教师的积极性，这种迹象近年来已经在地方本科院校开始显现。更重要的是教师的这种年龄结构导致地方本科院校的师资队伍产生年龄断层，无法形成有序替代的梯次。这对教师队伍的新陈代谢是一个很大的隐患。某地方本科院校的马克思主义学院因升本时招聘了大批年轻教师，之后6年没有引进新的人才，学院负责人至今还没有找到弥补这6年师资空档的办法，他担心等这批教师组团退休后，教书育人、传承文化的接力棒交给谁。

4. 地缘、血缘、学缘关系多，“五湖四海”少。地方本科院校的教师队伍还有一个突出特点，就是相互之间的关系相当复杂。长期在相对封闭狭小的空间里发展，加上升本后突击式地扩充教师，地方本科院校的教师之间总有很多理不清的关联。一是地缘关系比较普遍。为解决学校师资不足的问题，地方本科院校从当地的一些中学商调了不少优秀教师，他们大多是土生土长的；同时不少高学历人才为了回原籍照顾父母亲，也希望到自己出生地的高校任教。各种因素综合起来，导致本地籍贯的教师所占比重相当大。某地方高校的电子与信息工程学院，有专任教师80人，仅所在地市籍教师就有49人，占专任老师总数的61.25%。文科类专业的本地籍教师比重还要稍大一些。二是血缘关系比较普遍。多年前大多数高校都有降低分数线录取本校教职工亲属的招生政策，特别是一些高职称教师的子女，学校常常无条件安置工作。这些家属子女有的是直接当教师，有的虽然暂时不具备任教资格的，通过进修或提升学历，大多数也加入到了教师行列。除了直系亲属外，地方本科院校的教师之间还有很多旁系血缘关系，表亲、姻亲不一而足。近些年，随着高学历毕业生的增多，人才市场逐渐由卖方市场向买方市场转换，很多一般或过剩专业的硕士甚至博士都走上了“投亲靠友”的就业路子，地方本科院校有血缘关系的教师数量还在呈上升趋势。据作者对某地方本科院校教师的不完全统计（一些旁系的血缘关系并不容易发现)，有血缘关系的教师占54%。学校在讨论人事任命或进行职称评审时，要花大量时间和精力来核查各种亲属关系，以落实回避原则。三是学缘关系比较普遍。地方本科院校有相当一部分教师是本校毕业的学生。其情形有毕业后直接留校当辅导员，然后再培训转岗当教师的；有毕业后考上研究生继续深造然后回母校任教的；有事业有成之后学校作为优秀人才引进的；还有因地缘关系在外面辗转多年后返回母校执教的。地方本科院校里六成以上的老师都有师承关系。在很多时候，教师之间地缘、血缘和学缘关系相互叠加，使相互之间的关系变得十分复杂和微妙。这种正常工作关系之外的关系，在一定程度上强化了教师队伍的稳定性，也强化了地方本科院校的凝聚力，但其负面作用也是显而易见的。一方面，“近亲繁殖”限制了教师的学术视野，导致知识结构和思维方法的单一，缺乏不同观点、不同思维的碰撞和激荡。另一方面，各种复杂的非工作关系比较容易形成一个个小团体，结成一定利益基础上的小同盟，这无疑增加了学校管理的难度，学校的一些政策措施在贯彻执行的过程中会遇到更多的影响和干扰。同时在某种程度上增加了没有地缘、血缘、学缘关系的教师对学校认同的难度。再一方面，教师之间的这些关系或多或少影响地方本科院校的公平公正。在干部推荐任用上，在教师职称评聘上，在工作考核奖惩上，都有意无意、或多或少受到地缘、血缘、学缘关系的影响，有时校领导为总揽大局，还会适当考虑和照顾到这层看不见摸不着的关系。

四、加强教师队伍建设是地方本科院校最重要和最迫切的任务

从地方本科院校当前面临的形势看，加强教师队伍建设势在必行，刻不容缓。

1. 加强教师队伍建设是应对各种竞争和压力的必然选择。地方

本科院校从它升本开始就面临着多重的竞争和压力。一方面是同类型高校的竞争，这种竞争集中表现为学科建设的竞争、基础设施的竞争、人才资源的竞争和国家教育资源的竞争，在某种程度上还存在生源的竞争。在高等教育从外延扩张转向内涵发展的形势下，普惠性的教育扶助政策会越来越少，处于同一发展水平上的地方本科院校之间的竞争会更加激烈。另一方面，老牌大学对地方本科院校的压力也会只增不减，特别是2016年国家提出建设“双一流”大学的目标之后，老牌大学的发展目标和定位进一步高远，它们借助已有的各种优势在学科建设和人才资源上抢占先机，能留给地方本科院校的资源和平台不会更多，只会更少。地方本科院校要在激烈的竞争中和强大的压力下求生存谋发展，需要付出更多的心血和努力，既要进一步加大基础设施建设投入，不断改善办学条件；又要添置仪器设备，完善教学配套；还要美化绿化校园环境，提升生活幸福指数等。然而最重要的不是这些，而是教师队伍建设。基础设施、环境建设和教学配套都必不可少，但真正能保证学校在同类高校竞争中取胜，在老牌大学的压力下持续发展的决定因素是师资，是建设一支高素质的教师队伍。实际上，高等学校之间的竞争，最终会归集为人才的竞争，归集为教师队伍整体素质的竞争。有了一流的教师，就会有一流的学科和专业，就会有良好的办学基础和声誉，就能够在列强的竞争中脱颖而出，在高等教育发展中谋得重要的一席之地。

2. 加强教师队伍建设是提高人才培养质量的前提条件。只有一流的教师才能培育一流的人才，教师总体素质的高低决定学生培养质量的高低，而人才输出的质量如何是评价一所高校办学水平的终极标准。在新的形势下，社会对优秀人才的标准有了更多的内涵，除了具备扎实的理论功底和学术素养外，还必须具有较强的社会实践能力、人际交往和组织管理能力，有较强的抗压和抗挫折的能力。这样综合素质比较高的复合型人才最受用人单位的欢迎和器重。现在一些社会评估机构常常根据毕业生受社会欢迎的情况来评价高校的办学质量，这直接影响高校的社会声誉。作为地方本科院校，继续培养单一的学者型或科研型的学生，道路势必会越走越窄，越走越艰难。而培养复合型的人才，关键要有一支素质全面的教师队伍。从现实情况看，地方本科院校的教师大多是纯学术型的，能力比较单一，特别是社会活动能力和组织管理能力有待锻炼和提高。要从思想上突破传统的“教师”概念，赋予教师新的内涵：高校教师既是学有专长的学者，其身份又不仅仅是学者，而是熟悉生动活泼的社会生活，能充分组织和运用各种社会资源，全方位培养社会所需的复合型人才的“工程师”。

3. 加强教师队伍建设是学校转型发展成功的根本保证。当下，各地方本科院校都在积极主动推进本单位的转型发展，很多学校的转型思路和转型方案都已经成型，有的已经紧锣密鼓地行动起来了。然而，转型能否成功，地方本科院校能否充分发挥为当地经济社会发展服务的重要职能，最有发言权的还是教师。地方本科院校要转型，首先是教师队伍要转型，只有大多数教师从学术型转为应用型，学校的转型才有基础。目前地方本科院校普遍存在“双师型”教师比例过低，大部分教师缺乏机关企事业工作经历，对当地经济社会发展情况所知甚少，服务地方对接无门和能力不足等问题。教师队伍的这种状况不改变，校企合作、校地合作都是无源之水，无本之木。企业作为市场经济的主体，赢利是其一以贯之的追求，它们需要地方本科院校提供实实在在的专业技术服务，促进产业升级换代，提升生产工艺，降低生产成本。地方政府也需要地方高校在优化区域经济布局、做大地方特色产业、扩大对外贸易、发展教育事业等方面提供智力支持和人才支撑。这些任务都将毫无疑义地落在地方本科院校的教师身上，从而需要教师迅速实现由学术型向应用型的蜕变。而这种蜕变的难度绝对超乎我们的想象。对教师本人来说，既需要思想观念的更新，又需要知识结构和能力结构的更新。对学校来说，既需要为教师的转型提供必要的动力和平台，又需要创造积极向上的机制和氛围。所有这些都需要必要的时间和精力，并非一朝一夕能见成效的。

4. 加强教师队伍建设是增加学校发展后劲的重要举措。促进教育内涵发展离不开教师，推动教育持续健康发展更离不开教师。地方本科院校未来发展的命运直接掌握在教师群体手中。学校未来的发展需要一支结构合理的教师队伍。在能力结构上有领军人物执掌教学科研的舵把子，率领其他教师打造一流学科和专业。在年龄结构上，有合理的老中青梯次，在传帮带的模式中实现教师的有序成长，也确保学科和专业建设薪火相传、发扬光大。在专业结构上，既有侧重于学术型的教师，也有侧重于实践型的教师，还有一些理论和实践“兼修”的教师，相互取长补短，相得益彰。学校未来的发展需要一支信念坚定的教师队伍。他们能忠诚党的教育事业，把为祖国和社会培养优秀人才当作毕生的追求，不计得失，不讲价钱，百折不挠，无怨无悔。他们有坚定的政治信念，以中华民族伟大复兴为己任，自学遵循和践行社会主义核心价值观，无私奉献，鞠躬尽瘁。他们爱校忧校，以校为家，以校为荣；爱岗敬业，爱生如子。学校未来的发展需要一支充满活力的老师队伍。他们对事业充满激情，对教师职业充满发自内心的荣誉感和幸福感。他们勤于学习，乐于学习，在研究中学习，在实践中学习，在生活中学习，不断跟进时代进步的节奏，把握时代发展的脉搏，不断提升教书育人的本领和境界。他们勇于创新，勤于创造，上下求索，开拓进取，不断更新教育观念，改革教学方法，积极推进技术革新，创新科研成果。任何一所地方本科院校，只要有这么一支结构合理、信念坚定、充满激情的教师队伍，必然拥有无限美好的未来。

教师队伍建设关乎地方本科院校的现在和未来。虽然有关教师队伍建设的论述已经很多，作者仍然不揣冒昧，结合当前的形势，紧贴地方本科院校的实际特点，就加强地方本科院校的教师队伍建设作以下讨论。

第一章

加强理想信念教育

一、什么是理想信念

在人们的习惯用语中，理想和信念常常被联系起来使用。这是因为理想和信念总是相生相伴、难舍难分，有什么样的人生理想往往就会形成什么样的思想信念。在很多时候，理想和信念合而为一，理想中包含有信念，信念里也有理想。比如，当一个人把共产主义当作奋斗终生的理想时，他也会毫不动摇地把共产主义当作矢志不渝的信念。在这点上，理想和信念完成了重叠，而且只有达到重叠，才有可能使共产主义理想真正变为现实。

如果对理想和信念做严格的区分，两者还是有细微的差别。理想是个人追求的目标，是愿意付出自己的所有、克服各种艰难险阻去成就的愿景。而信念则是对某种价值目标保持长久的敬仰和追求，不轻言放弃，不随意更改，更不因外界的诱导或压力而背叛。一般情况下，有理想的人都会有信念，没有信念支撑的理想不过是幻想罢了。人们常说“无志者常立志”，这种人是有理想没有信念的人，其理想总是因事、因情、因景而变，终究一事无成。反过来有信念的人都是有理想的，否则他的信念就缺少基本的目标指向。信念是推动理想前行并为之服务的，理想必须引导并依赖信念的力量才会有所成效。

严格说来，每个人都有理想，只不过有伟大与渺小之分。饱食终日、无所用心是某些人的理想，舍生取义、杀身成仁是另外一些人的理想，不同理想所蕴含的格调和意义判若云泥，对社会的贡献和价值也有天渊之别。同样，每个人都有信念，信奉“人不为己，天诛地灭”是信念，信奉“全心全意为人民服务”是信念，信奉“虚无主义”、立身处世什么都不信也是一种信念。不同的信念体现了人的不同层次和修为，也决定了人的生命是无声无息、流芳百世还是遗臭万年。

确立正确的理想信念需要经过深入的理性思考甚至经过激烈的思想斗争，经过长时间的犹豫、焦虑和实践检验。没有经过思想斗争和实践检验的理想往往是虚无缥缈的，没有经过科学思考的信念很容易摇摆甚至变成迷信。有些人最初拥有火热的充满激情的信仰，经过残酷激烈的现实斗争之后走向了信念的幻灭；有的在经过艰苦的磨难之后成就了坚贞不渝、以命相守的钢铁信仰。

理想信念的确立受个人主观因素和外在客观因素的影响，即使确立之后也并非一成不变。有的改变只是“量”的变化，由狭小变为高远，或由高远变为狭小。有的改变是“质”的变化，由高尚变成卑微，由美好变为丑陋。有的改变是因为受外界威逼利诱而改变，如抗日战争时期的汉奸，变节背叛者不在少数，有的甚至曾经还是敢于为国捐躯的志士；有的是觉悟后的改变，如一些封建资产阶级的子女站出来反对本阶级，坚定地站在时代最前列，为人民和民族的利益奋斗终生。正因为人的理想信念可改变，我们才要求“坚定”：坚持正确的，反对错误的；才强调要不断加强理想信念教育。在现阶段，我们的理想信念教育就是围绕一个目标：坚定以中国特色社会主义为基本内涵的理想信念。本章以下的行文中，除非特别注明，理想信念所指即为中国特色社会主义理想信念。

二、理想信念对教师的意义

理想信念是一个人的行动指南和精神动力。相对于一般社会大众来说，教师的职业特点决定其必须具有更加崇高的理想信念，才能履行好教书育人的光荣职责。加强教师队伍的理想信念教育，建设一个理想高远、信念坚定的师资团队，是地方本科院校加强教师队伍建设第一位的任务。

1. 理想信念是教师的精神之钙。习近平总书记指出，理想信念是共产党人精神上的钙。每个人都生活在大千世界，都希望在社会生活中确立自己的位置，体现自身的价值。同时每个人都不可避免地要承受各种影响，经受各种诱惑，甚至像唐僧西天取经一样经历各种磨难。既要在各种诱惑和磨难中保持生命的尊严和完整，又能让短暂的人生焕发出亮丽光彩，最首要的就是要有理想信念。信念是生命之舟渡尽劫波的压舱石，也是人格挺立于风雨之中的精神支柱。我国近代复兴先驱梁启超说："信仰是神圣的，信仰在一个人为一个人的元气，在一个社会为一个社会的元气。"① 教师是人类社会中的优秀群体，其所从事的职业和其所处的位置，注定了他们更需要坚定正确的理想信念。

其一，教师是一个最富有知识的社会群体，他们对各种知识有着常人难有的渴求，对各种思想观念有着浓厚的兴趣和思考，因此他们与各种各样的思潮流派有更多的接触，受各种价值观影响的机会更大，如果自身缺乏坚定成熟的理想信念，就很容易受外界的影响和干扰，导致核心价值观的倾斜。

---

① 梁启超：《梁启超说佛》，九州出版社 2006 年版。

其二，教师服务的对象是活生生的人，在相互交往过程中，双方的世界观、人生观不可避免地会发生影响和碰撞，教师如果没有坚定的理想信念就无法在碰撞交锋中占住主导地位，弘扬正确的思想观念，更无法在大是大非面前站稳立场、彰显自信，甚至还有可能成为社会不良价值观的代言人和传声筒。

其三，市场经济的触角无所不在，高校也不例外。随着开放办学程度的扩大，特别是地方本科院校的发展目标转型为地方经济社会发展服务之后，与企业、行业等市场经济主体的接触进一步密切，交往进一步加深，教师经受各种诱惑和考验的概率更多，如果理想信念树得不牢，就有可能成为“名利场”的俘虏，失去正确的立场观念，丧失从教的资格和底线。近些年高校出了不少这样的问题，有借手中职称评审的权力大肆收受财物的，有为追逐名利搞学术造假的，甚至还有利用考试评卷强迫或变相强迫学生请客送礼的，等等。他们都有一个共同的特点，就是理想迷失，信念动摇，师德沦丧，精神支柱坍塌了，在利益诱惑面前患了“软骨病”。虽然这类人只占高校教师队伍中的极少数，其对高等教育学校、对高教事业的不良影响高的职业中能干出多大的事业，则完全取决于每一个教师的理想信念。首先，理想信念决定教师的事业格局。理想有多大，格局就有多大。当一个教师把职业仅仅当作一种谋生手段的时候，教书育人的目的就是为了养家糊口的时候，他的精神世界是渺小的，他的理想抱负是卑微的，他的人生格局是狭小的。他们个人的“小我”总是游离于社会这个“大我”，个人的责任和意义总是与祖国和民族的命运“油水相离”，他们的视野和思维永远局限在个人和家庭的狭小圈子内，因而他们永远找不到施展自己能力的空间和舞台，从参加工作到最后退休，所作所为只不过是在“个人”的原地上打圈圈。

其次，理想信念决定老师的敬业态度。每个人对社会的贡献并不取决于所从事的不容低估。

2. 理想信念是教师的事业之基。“教师是太阳底下最崇高的职业”。但在这个崇职业和所处的地位，而是受敬业精神和工作态度的制约。有什么样的工作态度和敬业精神又与个人的理想信念密切相关。有远大抱负和坚定信念的人，能够在平凡的岗位上做出不平凡的事业，反之，就是身居要职也会无所作为。教师在社会分工体系中处于十分重要的节点上，肩负着培养人才、传承文明、教化风气的重要使命，是一个深受尊重、大有作为的职业，相比很多其他社会工作，更容易干出不平凡的事业来。事实上也有很多教师把职业当事业，勤勤恳恳，爱岗敬业，充分发挥个人的聪明才智，在三尺讲台上做出了不俗的业绩，较好地施展了个人抱负，实现了人生价值。但也有一部分教师没有把教书育人与人生理想结合起来，认识不到教师职业的重要使命和意义，对本职工作缺乏敬畏和诚心，因而工作标准不高，个人要求不严，完成教学任务后就是玩牌、炒股、上网聊天，大量的时间和精力荒废在与教育事业无关的事情上，导致从教多年教学科研业绩平平，育人质量徘徊不前。

最后，理想信念决定教师事业的发展方向。理想是导航的灯塔，是前进的指南。正确的理想信念能引导人们朝着与时代发展一致的方向前行，能借助社会进步的动力做大自己的事业，实现自我的价值。古人说，得道多助，失道寡助。所谓“道”就是时代发展的“正道”，符合这个“正道”的事业就会得到社会各个方面的支持，就能聚集社会的各种资源和正能量。在现阶段，牢固树立中国特色社会主义理想信念，全心全意实现中华民族伟大复兴的“中国梦”，就是时代的主流和趋势，广大教师只要集结在中国特色社会主义的旗帜下，确立自己的工作方向和事业目标，就完全有可能大有作为。

如果背离了这个大方向，个人的理想信念与时代发展趋势背道而驰，哪怕再多的付出、再大的努力，都是南辕北辙、缘木求鱼，都将如同泡影一事无成，甚至成为时代的弃儿、社会的废人、人民的罪犯。

3. 理想信念是教师的动力之源。人类社会总是在不断进步不断发展，也要求每一个人始终跟上时代的步伐，踩好进步的节拍，不能故步自封、自甘落后。对教师来说，应该始终走在时代发展的前列，掌握最新的知识和技术，了解最前沿的信息和动态，只有这样才有可能用不过时的内容培养出不落伍的学生。这就需要每一位教师拥有持续前进的激情与动力。促使人们前进的方式有很多种，有利益的驱动，有政策的引导，有压力的促使，但真正能提供持续进步动力的还是人的理想信念。其他动力都是外在的，只有理想信念生成的动力是发自个人内心的。外在的动力常因环境制度的变化而发生改变，常因前进道路上的坎坷挫折而减弱或丧失。只有因理想信念而内生的动力才是源源不断的、遇到艰难险阻越发强大的动力。在中国革命和建设时期，一些缺乏坚定正确的理想信念的投机取巧分子，虽然投身革命，却在历史的紧要关头背叛了革命。只有那些具有坚定共产主义理想信念的革命者，才经受了血与火的考验，冲破了各种艰难险阻，始终保持革命者的本色，到达了胜利的彼岸。很多不胜枚举的事例证明，只有坚定的理想信念才是强大持久的前进动力。地方本科院校的教师要履行好教书育人的职责，必须始终以坚定的理想信念催生不断前进的内生动力。

第一，教书育人需要终身学习，不断更新自己的知识结构，提升自身的工作本领。在知识爆炸和新媒体迅速发展的形势下，教师仅靠“吃老本”是无法胜任教学工作的，只有不停地“充电”，补充和更新知识和能力，才能胜任本职工作。不少地方本科院校的老师在评上正高职称之后，就失去了学习和进步的动力，既无新的科研成果，也无新的教学内容和形式的创新，老气横秋，无所用心。

第二，教书育人需要追求卓越。教学无止境，科研无上限。地方本科院校的教师只有把每一堂课都上成精品课，每一个课题都能产生促进和指导地方经济社会发展的实际成果，每一篇论文都能形成有价值的独到见解，这样才能无愧于时代的重托。没有理想信念的引领和激励，就没有追求卓越的动力。

第三，教书育人需要改革创新。改革创新是时代对老师的根本要求，只有从传统陈旧的思维模式和教学理念中突破出来，在继承前人的基础上超越前人，才能使老师自己保持思想之树长青，才能培养出一代代富有创新精神和创新能力的接班人。无论是终身学习、追求卓越还是改革创新，都是新时期地方本科院校教师应当具备的基本要求，都需要坚定的理想信念来提供生生不息的推动力。加强理想信念教育是保证和强化推动力的最好方法。

4. 理想信念是教师的育人之要。我国传统的教育思想把教师的职能规定为传道、授业、解惑，其中传道就是给学生传授做人的道理和做事的规范。在新的历史时期，我们的教师仍然承担着给学生传授中国特色社会主义理想信念的重要使命，而且是首要的使命。我们培养的是社会主义事业的建设者和接班人，给学生树立什么样的理想，建立什么样的信念，关系到祖国的前途和命运，关系到中华民族的兴衰成败，来不得半点含糊。要教育和帮助学生牢固树立正确的理想信念，前提是老师自身要有坚定正确的理想信念。

首先，老师的理想信念应当是建立在全面系统的学习理解基础之上的，是在全面掌握人类社会发展规律、熟悉世界发展历史之后的认知，是真学真懂真信，是发自内心的认同和遵循。只有这样才能用充分的科学原理和大量的历史事实证明中国特色社会主义的先进性和科学性，让学生心悦诚服地接受和坚守正确的理想信念。

其次，教师的理想信念是体现在具体行动和个人人格魅力之上的。教师在各种教学活动和与学生的个别交谈中，都应当体现出一以贯之的理想信念，将理想信念转化为高尚的人格和坚定的意志，就能够以灵魂感染灵魂，以人格影响人格，以意志强化意志，取得“传道”的最佳效果。教师的理想信念如果只停留在语言和理论的层面上，用一些空洞的大概念和大道理进行说教，是无法让学生信服和接受的。

最后，教师的理想信念是与个人的教学特色和教学方法相统一的。教师首先要在真正信仰和消化的前提下使坚定的理想信念入脑入心，然后借助富有特色的教学方法、形象生动的教学语言在润物无声的状态下把理想信念传递到学生的心灵深处，点燃学生对美好理想的追求和对真善美的真诚向往。教师如果没有坚定的理想信念，或者理想信念不是建立在真懂真信基础之上的，或者只会凭借空洞的说教进行“传道”的，都是无法担当理想信念的有效传播者的重任的，都不是称职的教师。

5. 理想信念是教师的幸福之本。真正的幸福不是来自个人物质欲望的满足，也不是来自无所事事的闲散。真正的幸福来自为实现理想所做的付出和在信念的坚守中体现的生命价值。无数革命先烈坦然面对枪林弹雨、雪山草地，甚至勇敢面对残酷的折磨和死亡，没有悔恨、抱怨、惶恐，只有为革命事业献身的幸福，这种幸福就来自他们内心坚定不移的理想信念。在和平建设时期，理想信念仍然是个人的幸福源泉。

首先，没有坚定理想信念的人，是缺乏操守的人，这种人很容易受各种欲望的支配，什么好处都想得到，什么利益都怕失去，偷奸耍滑，担惊受怕，有何幸福可言！“君子坦荡荡，小人长戚戚。”所谓“小人”，就是没有理想操守的人，经常陷于名利纠结之中不能自拔而忧心忡忡。反之“君子”则因理想高远而淡泊名利，不仅因摆脱欲望纠缠而去除烦恼，而且也因追求理想而获得幸福。有不少地方本科院校的教师，没有奉献教育事业的理想，想方设法逐名求利，稍不如意就批评学校，抱怨社会，怀疑他人，最后不仅事业难以成就，个人幸福也丧失殆尽。

其次，没有理想信念的人，是缺乏底气的人。有理想才会有追求，有信念才会有激情，一个缺乏理想信念的人，他不知道为什么活着，不知道生命的意义何在，每天都是在“熬”日子，因而不可能找到幸福的源泉。很多老师当初是抱着养家糊口的目的走上老师岗位的，后来在与学生的交往中感悟到了从教的意义，确立了以教为荣的理想信念，从而也获得了从教的激情和幸福，他们的幸福来自于自己的知识能力、理想信念在学生身上得到传承和光大，来自于看到自己的学生一个个成为有抱负、有担当、有作为的优秀人才。

最后，没有理想信念的人，是缺乏底线的人。每个人的理想信念都包含着为人处世的原则和底线，没有崇高理想信念的人，信奉的是实用主义哲学，对来自大千世界的种种诱惑缺乏抵御的依靠和意志力，很容易走向堕落；其人生观和世界观也很难在多元化思想观念的激烈碰撞中保持从容淡定。无论是物质生活还是精神生活，当其因理想信念缺失而陷于无法把控自我的境地后，走向犯罪和沉沦只是个时间问题，个人幸福的失落也是注定不可逆转的。

三、教师理想信念的基本内涵和现实体现

地方本科院校的教师作为中华民族大家庭中的重要一员，其理想信念与其他炎黄子孙一样离不开中国特色社会主义的基本内涵。作为党员教师，都应当牢固树立共产主义理想信念，并实现中国特色社会主义和共产主义理想信念的有机统一。这些都是毫无疑义的，

都是广大教师最基本的操守和必须遵循的。同时，任何理想信念都不是空洞的，都是通过与个人工作事业的结合中体现出具体的内涵和重要的价值。教师的理想信念因其与教书育人的职业相融合而赋予独特的内涵，显现出别样的光彩。

1. 教师的理想信念在忠诚于党的教育事业中体现。高等教育是中国特色社会主义事业的重要组成部分，是实现中华民族伟大复兴的基础保障。对广大教师来说，坚定的理想信念需要用热爱教育、办好人民满意教育的具体行动来落实，而自己的理想抱负也需要借教书育人这个平台来实现。作为地方本科院校的教师，观察其是否具有理想信念，最简单的方法就是看他是否热爱教育事业，对本职工作有没有激情。一个有理想信念的教师，他一定会对教育、对学生有一份真挚的热爱。这是因为：

第一，今天的教育是为“明天”奠基的，而今天的理想就是“明天”的现实，热爱教育就是热爱“明天”，为教育而奋斗就是为“明天”、为理想而奋斗。一个不热爱教育的人肯定是一个不关心“明天”的人，一个缺乏理想信念的人。教育不仅代表“明天”，而且决定未来。无论对一个国家、一个民族抑或某个个人，美好理想的实现都需要良好的教育做基础。忠诚于教育事业就是忠诚于理想信念。

第二，教育需要理想信念做支撑。当前，教育事业的发展还面临诸多矛盾和问题。对地方本科院校来说，办学条件还不尽如人意，教师待遇还有待提高，创业环境还有待改善，在具体的教学、科研、创新工作中还会遇到这样那样的难题。这些问题的解决需要政府、社会和学校的支持，更重要的还是教师本身要有“衣带渐宽终不悔”的教育情怀，将理想信念转化为对教育事业执着的追求，对教育事业的执着就是对理想信念的执着。缺乏理想信念的支撑，任何一个小困难，任何一次小挫折，都有可能导致教师对教育事业的失落和放弃。

第三，教师个人的价值只能在教育事业中得到体现。教书育人是每个教师施展自身能力和抱负的平台，也是实现自我价值的平台。按照马斯洛的需求理论，实现自我价值是人的最高理想。当教师为社会培养一批又一批优秀人才的时候，既是他们为中国特色社会主义理想信念奋斗的时候，也是他们将个人的人生理想付诸实现的时候，个人理想与社会理想在教育事业上得到最好的契合。因此，在任何时候，教师都应当把教育事业看作实现理想信念的舞台，自觉自愿地把做好本职工作当作实现个人理想的契机，全身心地投入到教育工作中去，做一个无怨无悔、无私奉献的“人类灵魂工程师”。放弃理想信念就无法从事教育，放弃教育事业就等于放弃老师的理想信念。

2. 教师的理想信念在坚持真理的过程中体现。无论是社会大变革时期还是承平盛世，发现真理和坚持真理都不是一件容易的事，都需要付出代价、做出牺牲，因而都需要拥有坚定的理想信念。教师作为传播文明的使者，坚持和宣传真理是最重要的使命，能不能坚持真理也是对教师有没有理想信念的基本检验。地方本科院校的老师，要把坚持真理作为教书育人的根本操守。

首先是以锲而不舍的精神探求真知。探索真理、发现真知是一个十分艰难曲折的过程。集理学之大成者的朱熹强调“格物致知”，主张从分析具体事物和实践获得真知。明代的心学家王阳明按照朱熹的方法去格竹子，格了一个星期直到昏厥。人类社会的每一次重大发明和发现都历尽艰辛。每一个教师都要本着为科学负责、为历史负责的态度，对其所接触和掌握的知识反复进行甄别、厘定，按毛泽东同志说的进行由表及里、由浅入深、去伪存真的分析判断，不能把一知半解或似是而非的观点传授给学生，我们无论教给学生知识或能力，还是教给学生做人的道理，都应当经得起历史和实践的检验。

其次是以毫不妥协的态度反对谬误。真理总是与谬误相伴相生的，而且在很多时候正如列宁所说的真理往往掌握在少数人手里，教师不仅需要辨别真理的智慧，更要有守护真理的信念，敢于同各种错误的观点、思潮做斗争。在媒体高度发达、思想观念多元快速呈现的时期，人们每天都会接触到各种各样的相互矛盾的论点和说法，其中既有因无知而产生的，也有故意哗众取宠的，还有别有用心扰乱视听的。作为教师既要有能力辨别是与非、真理与谬误，更要有责任与谬误做不妥协的斗争，帮助学生擦亮眼睛，认清谬误的本来面目，避免上当受骗。

最后是以无所畏惧的勇气挑战权势。受知识视域的局限，受个人情感的影响，专家也有可能提出不正确的理论，领导也有可能说出错误的观点。作为教师不能迷信学术权威和行政权势，在他们面前丧失为真理而斗争的立场。科学技术的进步和人类社会的发展，都是在破除权威和权势的过程中实现的，迷信权威和权势就是对真理的背叛，也就是对教师职责的亵渎。古希腊哲学家亚里士多德的名言“吾爱吾师，吾更爱真理”，道出了每一位人民教师对真理应持的态度。

3. 教师的理想信念在维护公正的言行中体现。“天下为公”是五千年华夏文明所蕴含的最高社会理想。在新的历史时期，社会主义核心价值观也有公平正义的基本内涵，公平正义是理想信念的应有之义。地方本科院校作为培养社会主义事业接班人的场所，是铸造社会公平正义价值观的源流。教师要以维护公正为天职，用自己的言行把公平正义的价值观深深根植于每一个学生的心灵。这比传授学生知识更为重要。因为学生是否具有公正理念，决定整个社会能否具有公正意识，而没有公正意识的社会是一个很可怕的社会。

首先，教师要利用每一个机会宣传公平正义思想。公平正义是人类社会最有价值的道德存在，是人类社会区别于弱肉强食的动物世界的根本所在。在社会风气并未根本好转，恃强凌弱、巧取豪夺现象屡见不鲜的情况下，坚守公平正义既十分迫切和必要，同时也会面临更多的艰难困苦。越是这样越需要广大老师的坚守与努力，不仅教师本身要在日常教学和待人接物中体现公平理念，还要在传道授业的过程中，把公平正义的思想播种于学生心田，培养他们的社会良知和公平意识，让他们走上社会后真正成为一道滋润众生的清流。

其次，教师要在实际行动中践行公平正义的原则。人非草木，孰能无情。每位教师都会有不同于他人的爱好和情感取向，都会无意识地喜欢与自己性格相近的学生。但在教书育人的过程中，应当尽量降低这种因素的影响，在指导学生、评价学生和评先评优时尽可能“一碗水端平”。特别不能把社会上一些不良风气如嫌贫爱富、歧视后进生、侮辱学生人格等带到学校和教学工作中来。对个别学生流露出来的不公平言行应当及时批评制止。

最后，要摒弃一切不公平的规章制度。学校班级的各种规章制度应当以公平正义为最高价值取向，每一项制度和规定的出台，都要从公平的角度来考量，出台任何激励方案都不能以损害公平为代价。对有损公平公正的制度机制和措施，教师要敢于提出反对意见和修改建议。公平正义像是一朵带露的娇嫩的鲜花，稍有不慎，就有可能萎缩甚至凋谢。每个人特别是为人师表的教师，应当像呵护自己的眼睛一样去呵护公平正义。

4. 教师的理想信念在自强不息的意志中体现。理想信念是鼓动帆船破浪前进的劲风，是带动事业的列车滚滚前行的火车头。地方本科院校的教师能在教育事业上取得多大的成就，有多大的作为，最终取决于其理想信念的有无和高远，取决于自强不息的意志力。每一位地方本科院校的教师都会面临三个方面的困难，克服不了这些困难，他们将庸碌无为。一是面临教学条件的制约。如前所述，地方本科院校的办学条件与其承担的培养高素质应用型人才的任务并不完全适应，学科底蕴的浅显，实训设施的不足等，都是在短时期内无法改变的现实。二是面临知识不足的限制。新知识新理念层出不穷，复合型人才的培养需要教师具备更多跨专业甚至跨学科的知识和能力，教师既需要完成繁重的教学和科研任务，又需要不断地补充新知识，锻炼新的能力。掌握新的知识和技能需要不服输的毅力，抛弃旧的观念和理念也需要浴火重生的意志。三是面临外因变化的挑战。地方本科院校在面向当地经济社会发展主战场、对接当地产业特色和社会需求的同时，将与传统的静态的教学科研模式彻底告别，而进入动态的不断去适应现实需求的新模式。这不单单是对教师传统思维方法和教学方式的挑战，也是对教师身份地位的挑战：由过去的知识和能力“待价而沽”转为主动去寻找市场寻找买家。这种静水深流的变化，很可能需要教师实现“脱胎换骨”的重生，其中的痛苦和迷茫非局外人所能体会。在这些困难面前，肯定会有一部分教师退缩或回避，只有那些内心拥有坚定理想信念的教师，才能在迎面而来的困难面前展示出自强不息的进取精神，用自己的毅力和智慧突破内在和外在条件的种种局限，成为地方本科院校转型发展的中坚和希望。

四、加强教师理想信念建设的方法和途径

理想信念作为每个人追求的人生目标，其产生和确定都需要作

为个体的个人的认同，通过认同和吸收，将外在的目标转化为自身的努力方向。任何强加于个人的目标追求都会引起反感并遭拒绝，即使借某种力量迫使其接纳，也会出现阳奉阴违的结果。所以，理想信念建设既需要有一个良好的外部环境，在这个环境中起主导作用的是符合人类社会发展趋势并为大多数人所认同的未来目标；同时还需要个人主观的努力，并通过入脑入心的方式，将社会的主流发展目标内化为个体的人生理想。这样建立起来的理想信念才是真实的有根基的，才能真正实现个人理想与社会理想的有机统一。

1. 坚持理论先导，在学习中坚定理想信念。理想有别于空想或幻想，理想具有现实合理性和可行性，这种现实合理性和可行性要求理想必须建立在正确的理论之上。学习科学理论，在学习中坚定理想信念，赋予理想以扎实的理论基础，是加强理想信念建设的必由之路。

首先要学习社会发展理论，掌握人类进步的内在规律，确保个人的理想信念符合人类发展的规律和趋势，防止逆历史潮流而动。与历史发展趋势背道而驰的理想是注定要失败的。辛亥革命推翻了封建制度，是符合社会发展规律的，后来袁世凯等人却把复辟帝制当作个人奋斗目标，不仅以失败告终，本人也成为历史的笑柄。所以正确的理想信念是每个人安身立命的根本，不能有半点含糊。地方本科院校的教师，要注重对社会科学知识的学习，特别是对历史文化知识的学习，了解中华五千年文明发展史，了解世界发展史，站在历史与未来的交汇点上，确定自己的理想抱负和奋斗目标。

其次要坚持理论联系实际，不断调校个人的理想信念。远大的理想建立在清醒的理论之上，但理论必须与实践相结合，个人的理想也需要在实际生活中发挥指导和引导作用。在这里，个人理想和生活实践形成相互关系：理想引领实践，实践反过来检验和校正理想。个人实践没有理想的引领就会迷失方向，理想没有实践的检验和调校也会显得苍白，甚至偏离正轨。

最后要强化对中国特色社会主义理论的认同。中国特色社会主义理论既符合人类发展规律，也是马克思主义与中华民族伟大复兴事业相结合的产物，是经过实践证明其正确合理性的理想信念，每一个教师都要在掌握马克思主义基本原理、熟悉当代中国国情的基础上，真正确立和坚信中国特色社会主义理想信念，并用以引领教书育人工作。

2. 坚持与时俱进，在发展中坚定理想信念。时代在前进，社会在进步，个人的人生目标、思想境界与事业格局也随学识阅历的增长而发生变化。理想信念既要以社会现实和个人实际为基础和依托，又要高于现实，先于现实，只有这样才能发挥引领作用。因此当我们所生活的社会和时代发生进步，当个人的成就和地位有了提升之后，我们的理想信念也应当随之有所提升。当人所追求的目标低于或小于他的事业格局时，就会成为束缚其继续前进的桎梏。要做到习总书记说的“不忘初心，继续前进”，就必须用与时俱进的理念确定人生奋斗目标，在发展社会主义事业和个人事业中坚定理想信念。

一方面，理想信念只要是建立在科学理论基础之上的，就一定具有发展的本质特性。共产主义是马克思主义者的共同理想，但共产主义不是教条主义，不是机械的、静止的，而是不断发展的。在中国革命和建设时期，毛泽东思想就是共产主义在中国的新发展；改革开放时期，邓小平理论、“三个代表”重要思想和科学发展观就是马克思主义在中国的新发展；在实现中华民族伟大复兴的当前，习近平总书记的系列重要讲话就是马克思主义在中国的新发展，是共产主义理论在中国的伟大实践。我们的理想信念一定要与马克思主义在中国的发展同频同步。

另一方面，只有与时俱进的理想信念才能保持强大的生命活力。唯物辩证法认为，事物都是发展变化的，发展是永恒的，绝对的；停止是暂时的，相对的。理想信念一旦失去了发展的禀性，就会过时、落后，就会为时代和社会所淘汰，建立在理想信念之上的价值观、人生观都会陷入僵化和消极。在历史大变革时期，有不少仁人志士满怀热情参加革命，最后却因所追求的目标不能与时俱进而退出历史舞台。所以，每一位教师都要始终牢固树立发展的理念，用发展的理念来确立事业愿景，用发展的思维来谋划工作方案，用发展的思路来破解转型发展过程中的难题。

3. 坚持知行合一，在笃行中坚定理想信念。理想信念的价值在于与每个人实践相结合，空中楼阁里的理想信念是无法转化成现实力量的，因而也是无从坚守的。理想引领实践，实践丰富和发展理想，只有在实践过程中才能强化追求理想、实现理想的定力和动力。

一是从小事做起。千里之行，始于足下，再高远的理想都须从当下启程，从小事做起。正如古人所说，一屋不扫，何以扫天下！如果把理想看作是人生一场持久的修行，那么把眼前的事做好，把本职工作做好，就是最好的开端。作为教师，就是要脚踏实地做好每一项工作，培养好每一个学生，写好每一篇文章，做好每次实验。正是这些琐碎的事情铺就通往理想彼岸的康庄大道。

二是把个人理想信念融入集体中去。每个人都有自己对未来的预设，都有自己希望达成的目标。但是，个人的目标如果不与国家、集体和社会的目标相融通，这种与世隔绝的理想肯定是渺小的。同时，关起门来追求理想也是很难实现的。“大河有水小河满”，没有国家和社会做大背景，任何个人美好的理想都是水中月，镜中花。只有把个人理想与祖国和人民的理想相统一，并借助集体的力量才有可能将个人理想变为现实。在地方本科院校有不少的教师有比较高远的理想，但只囿于个人成名成家，把所有精力都用在这上面，经常闭门做学问，选一些生僻的远离火热现实生活的课题做研究，完全走进为科研而科研的死胡同，甚至还做出一些有损集体利益和学校声誉的事情，这种脱离集体和现实的个人理想终归是渺小的。

三是在斗争中坚定理想信念。真理越辩越明，理想信念越斗争越坚定，经过斗争考验的理想信念才是最有生命力的。每个人在实现自己理想信念的过程中，都会遇到是与非、对与错的交锋。既有来自不同阶级不同信仰的理想信念的挑战，如自私的低俗的人生理想，总会在人们不经意间施加影响；还有来自个人内在邪念的诱惑，这种诱惑常常想把人的理想从云端拉入泥淖。教师不可能生活在真空中，不可避免要接触各种不健康的思想观念，只要“初心”不忘，办人民满意教育的目标不变，就能够应对各种斗争和挑战，而且每经历一次这样的斗争和挑战，高远的理想信念就会更加坚定而成熟。

第二章

加强专业能力建设

专业能力是教师连接理想和现实的桥梁，没有相应的专业能力做基础，理想永远成不了现实。地方本科院校教师队伍建设必须始终突出专业能力建设这个重点。在一般意义上讲，教师是一个专业性很强的职业，需要具备相应的专业知识和专业能力，而且不同层级和不同类别的学校，对教师专业知识和专业能力的要求又不尽相同。与其他类别的高校教师相比，地方本科院校教师的专业能力既有相同之处，也有自成特色的内涵和要求，其专业能力建设的方式和路径也有所不同。特别是转型发展背景下的地方本科院校，教师专业能力建设的内容更丰富，特色更鲜明。

一、地方本科院校教师专业能力的基本内涵

地方本科院校要实现转型发展的新目标，需要一支具备全新的专业能力和专业素养的教师队伍。从培养应用型人才的内在要求来看，教师的专业能力至少包含以下几个方面。

1. 较强的知识拓展能力。地方本科院校的教师应当具有开阔的学术视野和多元的知识结构，既具备良好的专业知识素养，又具备拓展知识领域、融通各种知识元素的能力。在某种程度上说，开阔的知识视野和开放的知识吸纳机制是教师最重要的专业能力。

其一是具备从理论向现实拓展融通的能力。一个优秀的老师总是能把握社会发展的大趋势，掌握地方经济发展社会的新特点，熟悉国家有关经济社会发展的新政策新举措，了解各行各业对人才需求的总要求等，构建理论联系实际、实践丰富理论的良性互动机制。不关心国家大事，不关注世界教育发展态势，不了解经济社会发展对人才需求的新特点，两眼只盯着书本，所有时间和精力都花在故纸堆里，这种“学究式”的教师已经无法胜任地方本科院校的教书育人工作了，他们再努力也培养不出社会需要的优秀人才。

其二是具备向相关专业领域拓展融通的能力。丰富的知识积累和多元的知识结构能极大增加课堂教学的信息量和趣味性，并为科学研究提供源源不断的灵感。特别是培养应用型人才需要教师具有宽阔的知识储备，应用型人才大多是复合型人才，知识面广，能力多元。教师的视野有多宽，学生的眼界就有多大，教师的专业能力有多丰富，学生适应社会的能力就有多强。每一个地方本科院校的教师既要做到学业有专攻，又要不断突破专业局限，拓展学术视野，在学有专长的同时不断拓展自身的知识面，优化自身的知识构成，掌握相关学科的内在联系，帮助学生构建完备而实用的知识和能力体系。

2. 较强的理论研究能力。对地方本科院校的教师来说，具有深厚的理论素养和较强的研究能力，是教书育人的看家本领，也是教师承载个人事业的基石。

第一，教师要通过课堂教学把必要的理论知识传授给学生，“要给学生一碗水，老师必须有一桶水”，教师在理论知识不深厚，不能通过分析研究从理论的海洋里提取最精练最关键的知识出来，是教不出有理论素养的学生的。

第二，理论是实践的前提，没有理论做指导的实践，是盲目的实践。地方本科院校的教师要提升自己的实践能力，同样需要较强的理论研究能力，没有理论研究能力的老师，其实践能力也很难实现持续的提升，即使掌握了某种技能，充其量也是一个“匠”而成不了“师”。

第三，理论研究能力是教师从事科学研究的基础条件，理论的深度决定科研成果的高度，也在一定程度上决定企业和社会对教师的需求度和满意度。扎实的理论功底是教师专业能力的核心，任何时候都不能疏忽，在地方本科院校转型发展进程中强调提高教师实践能力的氛围下，要特别防止出现轻视教师理论修为的现象。从地方本科院校教师的情况看，绝大多数都毕业于学术型高校，理论基础都比较扎实，也具备了一定的研究能力，他们面临的主要问题就是如何实现知识的“深”和“新”。所谓“深”，就是在教学科研和服务地方工作中，通过理论与实践相结合，加深对原有知识的理解和运用，变“死”知识为“活”知识。所谓“新”，就是时刻关注本学科本专业的前沿发展动态，不断更新自身的知识储备，实现专业理论的与时俱进。“专业教师必须不断保持自身专业知识的更新，并及时把新的专业知识和技能融入到教学工作中去”。①

3. 较强的实践动手能力。地方本科院校转型发展的目的，就是为地方经济社会发展提供高质量的应用型人才。大学生走出校门之前，不仅在专业理论知识上有较高的造诣，而且在实际的机器设备操作上，在处理实际矛盾问题上，在谋划企业行业发展方案上，都能拥有相应的能力。社会对人才需求的变化是对地方本科院校老师专业能力的最大挑战，过去的大学教师能上好课就够了，现在还需

① 于敏：《应用型高校“双师型”教师团队实践创新能力的提升》，载《财会月刊》，2013 年第 9 期。

地方本科院校的教师具备较强的实践教学和实际操作能力。一方面，教师能上好教学实验课，告诉学生理论与实际相结合的途径的方法，告知学生如何运用专业知识指导具体生产实践，如何掌握相关设施设备的工作原理，在实践过程中应当注意哪些问题等，为学生进行具体操作提供知识和技能准备。另一方面，教师能在学生实习实训时提供正确有效的指导，教授学生正确操作或使用生产工具和仪器设备，及时解答学生在具体操作中碰到的疑难问题，帮助解决技术难题。同时，地方本科院校在进行校企合作、校地合作的过程中也需要老师为当地企业和地方政府提供实用技术服务，帮助他们解决生产过程中遇到的专业技术难题，改革生产工艺，提高企业效益。缺乏实践动手能力的教师会因为无法完成上述任务而成为地方本科院校转型发展的局外人。

4. 较强的组织管理能力。人才培养目标的变革决定了人才培养方式的变革。如果把老师比作“牧羊人”的话，过去对学生实行“圈养”，他们的绝大多数时间都关在教室里上课；现在要求进行“放养”，学生需要更多的时间走出教室去进行社会实践。虽然“放养”更利于学生的健康全面成长，但无疑增加了管理的难度，也对教师的能力提出了新的要求：既能在教室里给学生上优质课，也能在课堂外带领学生上好实习实训课。教师带着学生去实习，首先是能够帮助学生联系好实习的单位，现在不少科技含量高的企业从工艺保密和保证生产效率的角度考虑，并不愿意接纳学生来企业实习，想要得到这类企业的支持配合，没有一定的社会活动能力还做不到。其次，组织好学生的实习活动，保证学生的安全和实习的效果，协调解决实习过程中出现的各种矛盾和问题，更需要教师拥有较强的组织和管理能力，任何细微的疏漏都有可能造成学生实习活动的半途而废。最后，在大众创业、万众创新的形势下，如果老师响应国家号召去创办或领办与专业相关的经济实体，更需具有非同一般的管理能力。由“被管理者”转化为“管理者”，由“书生”转变为“能人”，是转型发展背景下地方本科院校教师的专业能力所必需的。

二、地方本科院校教师专业能力存在的不足

就个别情况看，每一所地方本科院校都有一些专业能力和综合素质很优秀的教师。如果把教师队伍作为一个整体来看，地方本科院校教师的专业能力仍然存在明显的不足。

1. 科学研究能力不足。受多种因素影响，很多地方本科院校教师的科研能力比较弱。一是行动总是慢半拍。受地域条件制约，他们的信息相对闭塞或滞后，等他们了解到相关的信息资源时，很多重大课题资源已经花落别家。二是力度总是弱半成。由于缺少学科和专业的领军人物，加上平时与专家和相关部门接触少，在重要课题评审时很难得到多数评委的认可和支持。三是思路总是窄半分。很多地方本科院校在科研思路上总跳不出“高大上”的窠臼，习惯与名牌大学争课题、抢资源，而忽视结合地方的产业和文化搞研究，做课题，反而以己之短去对抗他人之长，其结局注定是毫无胜算，即使获得一些课题也缺乏特色，不痛不痒。四是底蕴总是浅半截。很多新设的学科专业，还没有形成深厚的学术底蕴和坚实的人才基础，对一些重大课题的开发研究缺乏前期的成果支撑，甚至在横向课题的立项上也缺少专业技术的储备。五是合作总是差半寸。很多地方本科院校自己形不成科研团队，周边又缺少高校集群，加之不少教师合作意识不强，学校也没有有计划地组织优秀人才重点攻关，很难产生科技创新的团体效应，从而难以在科研成果上取得实质性的突破。

在这“五个一”的制约下，大多数地方本科院校的教师都存在

“三少”现象，一是国家级课题少：一所学校一年能获得二到三项国家级自然基金课题就算大的突破了，有的学校甚至连续几年都与国家级课题无缘。二是重大科研成果少：很多学校不仅评不到国家的科研成果奖，甚至省里的科研成果奖励也好些年空空如也。三是在重要刊物发表文章少：虽然教师们每年发表的论文数量不少，但有影响力的不多，很多地方本科院校升本以来，别说在国际著名的《科学》《自然》杂志上发表文章，就是在《中国社会科学》等国内顶级刊物上也从来没有文章面世。很多地方本科院校出重金悬赏在国内外顶级杂志上发表文章，也很难如愿以偿。

2. 课堂教学能力不足。很多地方本科院校教师的课堂教学水平都不同程度存在问题，真正深受学生喜爱的课所占比重并不高，满打满算都不会超过三分之一。很多老师上课时，学生要么逃课，要么用手机上网。每年都有 10% 左右的学生挂科，有不少学生留级、退学或毕不了业。这种情况虽然与少数学生学习态度不端正有关，但与教师的教学能力欠缺也有直接的因果关系。部分教师教学能力不足，主要有以下几种原因。

一是多数教师缺乏师范教育专业的经历。虽然通过考试获得了高校教师资格证，但对教育学和教育心理学方面的知识了解不全面，不能借助有效的教学手段和教育艺术吸引学生的注意力，保证课堂教学效果。进入高校执教后，又因为教学任务重，很难有时间和机会补齐这方面的短板，教学能力难以提升。

二是课堂教学方法陈旧。大多数地方本科院校还坚守着填鸭式的课堂教学模式，每堂课都是老师从头讲到尾，既没有调动学生兴趣的手段，也缺乏对学生学习效果的评价，虽然有的学校也做了一些课改的功课，但大多都停留在表面上，学生的主体地位一直没有得到体现，他们一直都是被动的受课者而非课堂教学的主动参与者，整个课堂缺少生机与活力。

三是缺乏个性化教学。在课堂教学中，教师没有认真了解学生的具体情况，教学内容和教学手段缺乏针对性，没有开展有效的因人施教和因材施教，也没有努力发现和积极引导学生的特长与个性发展，没有与学生达成有效的交流和沟通。

四是课堂教学内容陈旧。不少教师缺少必要的知识更新，教学内容和教案都是年年依旧，课堂上满足于照本宣科，不能将最新的理论成果介绍给学生，不能将灰色枯燥的理论与丰富的社会实践相结合，不能将鲜活的现实事例引用到课堂教学中来，教学活动始终没有突破从理论到理论、从观点到观点的套路。教学语言生硬单调，没有发自内心的激情和抑扬顿挫的节奏感，也没有活跃课堂气氛的幽默语言。从内容到形式都无法取得高效课堂的效果。

3. 实践操作能力不足。实践经验缺失，实际操作能力偏弱，是当前地方本科院校教师专业能力结构的“短板”，也是制约学校转型发展的瓶颈。很多老师能言而不能行，动手能力、运用理论解决实际问题的能力、培养学生实际操作的能力都达不到培养应用型人才的要求，一些必要的实践教学课程开不起来，有些实验课也因缺少专业实验教师而开不充足。究其原因，一是从地方本科院校教师队伍的来源看，绝大多数老师都是来自科研型高校，本科、硕士、博士读的都是学术型专业。某地方普通高校的数据显示，所有专任教师除少数兼职教师外，都毕业于学术型大学，缺乏相关行业的历练和专业技能。二是从办学模式看，长期以来实行的关门办学把教师固定在教室内，阻断了他们与社会实际的联系，也很少到企业行业挂职锻炼，教师除了搞学术研究就是进行理论教学，没有提升实践操作能力的机会和平台。三是从学校的办学思想看，确立转型发展目标之前，地方本科院校并不注重教师动手能力的提高，既没有要求老师具备实践意识和技能，也没有提供较完备的实践平台，即使在一些工科院系也存在专业教学实验条件不完备的现象，老师只能用粉笔加手势代替实验操作。四是从现有评价体制看，学校考量教师能力水平的标准是科研能力和学术水平。教师评职称、定待遇，主要依据课题数量、论文质量。在这种导向下，教师习惯以学术成果论高低，以科研能力论优劣。这种评价标准封杀了教师由学术型向技能型转变的路径。

4. 社会活动能力不足。在一些秉承传统观念的人看来，教师特别是高校教师不应当去培养和提升自己的社会活动能力，而是应当通过与社会保持一定距离来保证心情的宁静和学术的自由。实际上，不少地方本科院校的教师也对这种观点深以为然，他们故意把自己塑造成远离世俗、不谙世事的所谓“学者”形象，并以此为荣，引以为傲。很多教师缺乏与不同职业者打交道的能力，不善于运用沟通交流的艺术来获得他人的认可与支持，观点上稍有分歧便以“道不同不相为谋”为由拂袖而去；有的教师缺乏集体活动的锻炼，对组织和管理比较大的社团活动缺乏经验，不能用有效的规矩和纪律约束每一个成员；有的教师缺乏处理实际问题的能力，碰到比较复杂的情况和矛盾就手足无措，不能及时消除集体活动中存在的矛盾隐患；有的教师缺乏对政府和其他部门单位办事程序与规则的了解，不能以良好的心态去适应对方的工作特点来达成自己的目的。对于以服务地方经济社会发展为主要任务的地方本科院校教师来说，这些能力应该不是多余的。这些能力能使服务地方更为容易，更加默契，更有效果。造成地方本科院校教师社会活动能力不足的原因是多方面的。除了他们本身自诩清高的心态外，长期以来高校与地方老死不相往来的隔阂，导致绝大多数老师缺少与当地机关企事业单位接触的机会，少数老师受媒体曝光少数领导干部贪腐行为的影响，以偏概全地对机关干部特别是领导干部抱有成见，甚至怀有“仇官”心理。机关工作人员也对高校教师抱有误解或偏见，有意无意地宣示自己的岗位优势。高校教师与机关干部彼此缺乏认同导致双方都失去接触的主动和诚意。同时，地方本科院校教师的工作性质比较单纯，工作圈子比较狭小，在某种程度上限制了他们的视野和格局，不仅交际范围受到局限，人脉资源相对缺乏，而且对不同意见、不同风格、不同特色的排斥意识也比较强烈。随着地方本科院校转型发展的推进，必然推动学校教师与当地经济社会和各类群体的深度融合，这些特定历史条件下形成的缺点和不足都有望得到化解，教师的专业能力将会得到日新月异的提高。

三、地方本科院校教师专业能力建设的途径和办法

加强老师专业能力建设的方法和路径，会因各高校的实际情况而各具特色。但是，各地方本科院校都面临着相同的转型发展的新任务，都在发展道路上遇到很多相同的困难和问题，都承担着为当地经济社会发展服务的责任，甚至教师的构成和特点都有很多相似之处，因而在老师专业能力建设上也有一些相同或相似的途径和办法。

1. 构建理论与实践相互衔接的教学团队。在传统的学术型教学模式中，老师大都是单兵作战，即使有合作也是纯理论的探讨交流。为适应转型发展的育人要求，提升教师的专业能力，有必要在地方本科院校的院系内部构建新型的教学团队。学业有专攻，每一个老师的兴趣点和研究重点不一样，有的侧重于纯理论的研究，有的侧重于应用转化研究；有的熟悉学术前沿的新成果，有的了解企业行业的新动态。这样由各有所长的老师组建成一个或几个教学团队，就可能达到“1 +1 >2”的效果。一方面，团队成员之间加强相关课

程的衔接研究，打破各门课程之间的人为壁垒，使各种相关的知识相互融通、相互印证，丰富老师的知识内存，拓宽其理论视域，增强知识储备的完整性和系统性。这不仅可以加大教师课堂教学的信息量，活跃课堂教学氛围，还能让学生所学的知识相互关联，形成融会贯通的知识体系，使死的知识变成活的学问。另一方面，在教学团队集体备课、互相研讨的过程中，让各位老师的专长互相分享，既可获得取长补短之效果，使学术性强的老师更多了解实践方面的情况，实践性较强的老师加深理论方面的修为。又可以通过深入平和的探讨，使教师个人的专业特点得到更充分的展示和加强，从而促进教师专业素养的快速提升，形成一支一专多能的优秀教师队伍。学校领导和院系负责人要敢于突破传统的教研室设置惯例，在认真分析各课程之间的关联性和各老师之间的专业互补性的基础上，出台相关的政策措施，引导和激励教师自行组建科学合理的新型教学团队，并为教学团队提供必要的场地、资金和设施支持。

2. 共建校内与校外有效互动的成长通道。在转型发展的形势下，地方本科院校老师的很多专业能力并不是在学校和教室内能够得到提高的，也不是教师通过自学和思考能够增强的，必须走出校门，走向经济社会文化建设第一线，走进企业、实体和机关单位，在实践中经受实实在在的锻炼和感悟，才有可能促进专业能力的成长。这就需要建立学校与企业、事业与行业的合作关系，让老师在生产建设最前沿提升专业能力：通过与企业开展科技攻关合作，提升教师的实践应用能力；通过与企业开展行业培训合作，提升教师的理论指导能力；通过与企业开展技术转让合作，提升教师的科技创新能力；通过与企业开展订单培养合作，提升教师的协调管理能力。老师只有身临其境地去实践，才能发现自身知识结构的缺陷，了解理论与现实的距离。一方面，学校要把加强校地、校企合作作为推动转型发展和教师专业成长的重要引擎来抓，主动与地方政府和企事业单位建立稳定互信的合作机制，为教师专业成长搭建畅通无阻的交流通道和实践锻炼的平台。在实际工作中，应当防止和避免以校企合作代替校地、校校合作，为地方政府提供区域经济发展、产业建设、资本运作以及干部、师资培养培训等方面的服务，这也具有十分重要的意义，对学校不同专业老师的成长也很重要，学校和教师都不能忽视和放弃这些平台与机会。另一方面，学校也应出台规定，新进教师凡是没有机关、企业、行业经历的，都应当去这些地方实践锻炼后才能给学生上课。对学校现有的缺少机关单位和企事业工作阅历的老师，要有计划地组织他们到企业行业去锻炼，并取得相应的资质证明。

3. 组建专职与兼职相促进的互通机制。很多地方本科院校已经在这方面开始付诸行动。一方面，为解决实践课老师严重不足的问题，很多学校都聘请了一些兼职教师，请机关、企事业单位富有实践经验的人来给学生上实践课。这无疑是正确的选择，从整体上改善了教师队伍的专业和能力结构。这些来自一线的兼职教师既有丰富的实际操作经验，也有工作中遇到的难题和困惑，还有大量市场信息。这些信息、难题和经验对学校老师和学生来说都是宝贵资源。学校要充分挖掘这些兼职老师的价值和能量，在他们给学生上课的时候，可安排相关老师去听课评课，观摩学习。通过召开专兼职老师座谈会，加强信息交流，探究行业走向，商谈人才培养规律，达到专兼职教师知识互补、能力互进的效果。对一些教学能力比较强的兼职教师，学校可以打破职称和待遇的限制，作为特殊人才加以引进，变兼职为专职。

另一方面，学校也可以选派一些年轻优秀的教师去企事业和机关单位挂职锻炼，参与技术指导、行政管理或科技合作。很多地方本科院校通过科技特派员的方式送老师去农村和企业开展服务，不仅深受群众欢迎，也很能锻炼教师，其综合能力有明显提高。目前这方面的渠道还比较少，特别是学校的高层次学术人才和中层管理人员去地方行政机构和企业挂职还没有步入正常化、规范化轨道，原来从高校里选派科技副县长的活动这些年也中止了，地方本科院校又缺少了一个很好的提升教师专业能力的平台。实践表明，那些去县里挂职担任过领导干部的教师，回学校后，其组织管理能力、观察和分析事物的眼界、处理问题的方法都有了很大的进步。

4. 搭建教学与实践能力双提升的应用平台。教师专业能力的提升需要相应的平台，如何搭建这样的平台也是一个值得各地方本科院校认真思考的问题。

第一，搭建好创新创业平台。制定鼓励和规范教师去企事业单位兼职的政策措施，完善有专长和管理能力的老师领办或创办经济实体的制度机制，激励广大老师主动参与创新创业，在实践中增长才干，提高本领。学校应当为教师参与创新创业提供便利的服务，激活隐藏的教师身上的知识和能力要素，加快科学技术向生产力的转化。

第二，搭建好培训交流平台，定期举办学校与当地经济建设、学校与地方文化、学校与当地教育事业等方面的论坛，就一些共同关心的问题加强交流探讨；鼓励各院系发挥专业优势，为各类地方企事业单位举办短期专业理论和政策法规培训，督促相关老师根据培训要求，深化专业理论，研究现实问题，提高理论水平和解决实际问题的能力。

第三，搭建好进修深造平台。学校为地方提供高质量、宽领域的服务，需要有一批理论研究和实践能力十分优秀的教师群体，具有地方企事业单位所不具备的专业理论和技术优势。结合学校的学科和专业建设，面向地方产业升级和社会建设的需要，有针对性地选派老师去国内外著名的学府和企业进修深造，提升他们的理论造诣和专业技能水平。

第四，搭建好联合攻关平台。加强学校与企事业的横向课题研究，尽可能选择地方性和实用性比较强的课题，真正发挥高校服务地方的职能作用。运用政策和行政手段引导和鼓励老师主动争取课题立项，努力参与合作探究，以课题研究为契机，实现理论素养与实践能力的双提升。

5. 重建知与行相统筹的评价体系。科学的评价标准能引导和促进教师专业能力的提升。有学者指出："目前我国高校的教师考评体系并不完善，对于生产实践和社会服务等指标都没有明确规定，考核内容在一定程度上不能真实反映教师的实际业绩。"① 对地方本科院校来说，制定完备的教学质量评价体系，是围绕转型发展目标提高教师专业能力的重要手段。首先，在评价体系中适当加大实践能力的权重，彻底改革过去以发表多少论文来衡量教师能力强弱的做法，把教师的实际操作能力、科技转化能力和组织管理能力纳入考评内容，细化评价标准，保证教师的实践能力得到应有的重视。当然，具体到不同学科不同专业，要坚持因地制宜、区别对待，不能搞一刀切，不同学科不同专业老师实践能力的权重应该有差别。同时也不能矫枉过正，忽视理论修为的重要性。其次，根据评价要求不断完善考评机制。教师实践能力的内涵比较复杂，实践创新能力、指导学生实践的能力、科技成果转化应用能力等，相互之间要有一个相对公平的分值，既要考虑实际效果，也要考虑过程；既要考虑

① 王洋、王欣：《应用型高校培养人才的路径研究》，载《长春大学学报》，2015年第2期。

经济效益，更要考虑社会效益。为确保考评的公平公正，评委的组成要有教师、学生、企业行业的专业人员参加。最后，强化考评结果的运用。学校要把考评结果与教师的评先评优、晋职晋级、绩效工资、进修培训等内容挂钩，严格兑现，拉大不同能力、不同业绩的教师之间的经济和政治待遇的差距，打破平均主义的思维和做法，真正发挥考评的导向激励作用，促进老师专业能力的不断提高。

6. 创建传承与创新相统一的课堂教学模式。提升课堂教学能力是地方本科院校教师队伍建设的当务之急。虽然每年都有一些教学方面的成果和荣誉，但从整体上看，大多数教师都存在教学能力与教学任务不相适应的问题，教学理念落后、教学方法陈旧、教学效果低下的状况始终没有实质性改观。教学是学校培养人才的最主要方式，教学能力是教师最根本的能力。地方本科院校只有多措并举，确保大多数教师的教学能力有实质性的提升，才能实现转型发展的目标。

第一，在深化课堂教学改革中提升教学能力。相对于基础教育，高等教育更应该具备课堂教学改革的条件。从可能性看学生的综合素质比较高，没有升学率的压力，没有海量的作业和考试。从必要性看，大多数高校的学生毕业后将直接进入社会，大学是他们在教师教导下增强独立思考和独立处理问题的能力，增强自我学习与自我管理的能力，增强理论联系实际的能力的最后机会，他们个人能力和人格的成长比掌握一些抽象的概念和公式更加重要。但可能性和必要性并不代表事实，地方本科院校的课堂教学改革无论从氛围还是从效果看，都滞后于基础教育。提高教师的课堂教学能力必须改变教师的教育理念，把教学对象当作灵动的生命个体，而不只是接受知识的容器，他们也有表达自身观点、意见的愿望；必须改变教师的教学方式，不是让学生被动地接受，而是启发学生的思维，调动学生自主学习的积极性和内在潜力；必须改变教师的教学角色定位，把课堂的主体地位还给学生，把每堂课的大部分时间留给学生，让学生自主探究、相互交流，自我展示。学校应当坚定推进课堂教学改革的信心和决心，给教师提供课改的压力、动力和平台。

第二，在传承和发扬优秀教学传统中提升教学能力。从孔夫子开始，中华民族就积累了许多教书育人的经验，新中国成立后也有许多成功的教学方法，特别是很多地方本科院校在兴办师范专科教育时创造了许多独到优秀的教学方法，这些都是十分宝贵的教学资源，应当认真继承和发扬，不断丰富新时期高等教育的教学手段，如注重做学生的思想政治工作，加强与学生家长的沟通交流等，把这些优秀的传统教学手段与课堂教学改革有机结合起来，是提高教师教学能力和教学效果的最佳选择。

第三，在加强高等教育与基础教育的对接中提升教学能力。长期以来我国的高等教育和基础教育在育人理念和教学模式上都存在严重脱节，从而造成教学资源的浪费和教学效果的低下，也限制了高校教师教学能力的提升：高校教师不熟悉高中学校的教学特点和教学方式，无法形成教学思路和教学手段的有效链接，使进入大学深造的学生难以适应高校教师的教学方法和方式，影响教师教学水平的发挥和教学能力的提高。同时，由于高校与基础教育的脱节，也使高校教师失去了学习借鉴基础教育教学经验和方法的机会，使教学手段显得单调呆板。突破高等教育与基础教育之间的藩篱，加强高校与基础教育学校的对接互动和教师之间的深度交流，相互到对方的学校去进行教学体验，这对提升地方本科院校教师的教学能力必将大有裨益。

7. 兴建名师与后学相促进的成长模式。在地方本科院校的教师群体中，有一批思想活跃、充满朝气的年轻老师，也有一些教学经验丰富、科研成果丰硕的老教师。他们各有所长，各有所短，在日常的教学科研中表现出明显的互补性。但这种互补或者合作，都是自发的、随意的，缺乏相应的规范。学校应当把这种互补或合作用制度的方式固定下来，成为培养年轻教师成长、提升其教学能力的重要途径。首先，建立地方本科院校名师工作室。每个学科或专业，遴选几个在圈内有一定的影响、教学经验丰富的教师组建若干名师工作室，如校内暂缺这样的人才，也可以从校外聘请名师组建工作室。每个名师工作室配备一定数量的年轻教师，借用中国民间工艺传承的师徒制模式，由名师对年轻教师进行带班授艺。这种模式相对一般的行政或学术上的隶属模式其传承意味更加浓郁，更能密切相互之间的关系。其次，明确名师的责任和权利。名师既可以把名师工作室的其他成员当作助手，为自己的教学科研提供必要的帮助，在共同的事业追求中加深理解，增进默契，名师有权把责任心不强的成员请出名师工作室。同时名师也有责任帮助他们提升教学科研能力，把自己长期积累的研究方法和感悟无私传授给他们。学校要建立健全名师工作室制度，把培养后学的成效纳入名师工作室考核的重要指标，对工作室成员教学科研能力提升明显的名师给予相应的物质奖励，对只讲权利不讲责任的名师可取消其资格或撤销其工作室。最后，为名师培养后学提供良好条件。名师工作室的首要任务是手把手培养教师，学校有责任和义务给予必要的支持。每年安排一定数量的名师工作津贴，并为名师工作室配备相应的工作经费，对成效明显、业绩突出的名师工作室给予奖励，对“带徒”有功的名师在职称晋级和绩效分配上给予倾斜。

8. 筹建教学与科研相循环的促动机制。在一些地方本科院校中，不同程度存在教学与科研相脱节的现象。有的教师教学能力强，所上的专业课很受学生欢迎，对课题申报和学术研究不感兴趣，多年不发表科研论文；有的教师则一心一意搞课题、发文章，把教学当副业，课堂教学质量一直徘徊不前。在学术研究中，围绕教学过程中碰到的问题申报课题立项的少，把科研成果运用到教学中去的更少。以科研推进教学，以教学促进科研，形成教学与科研的良性互动机制，也是地方本科院校教师提升教学能力的重要措施。

首先，鼓励教师围绕教学教法生成和申报课题。认真研究当前高校学生的个性特点和兴趣爱好，研究教学方法与新时期人才培养目标的适配性，研究如何运用新媒体丰富教学手段，提高教学效果等。对这类课题学校可以提高课题经费的配套比例。

其次，引导和促使教师教学与科研协调发展。对热心教学、科研能力相对较弱的教师，应鼓励他们做一些课题研究，并定向安排一些校级课题请他们研究；对那些对教学不感兴趣的教师，通过督导等手段促使他们把一部分精力用在提高教学能力上来，引导他们把科研的热情和智慧与改进教学方法有机结合起来。为实现两种类型的教师优势互补，可以促成其结对帮扶，取长补短。

最后，保证年轻教师有适当的学习研究时间。一些地方本科院校的青年教师承担了大量的教学工作，加之他们的家庭负担较重，上有老下有小，用于科研的时间和精力所剩无几，既没有时间补充新的知识，优化知识结构，更没有时间静下心来研究一些学术问题，升华教学方法。长此以往，不仅其教学科研能力无法提升，而且其教学热情和职业幸福感也会逐年下滑。这对地方本科院校的持续发展是十分不利的。

第三章

加强双师型教师队伍建设

与一般普通高校不同，在地方本科院校教师队伍建设中，“双师型”教师队伍的建设尤为重要。这支队伍是培养应用型人才的根基，也是地方本科院校实现转型发展、内涵发展和特色发展的根本。但是，对很多由学术型高校或单一的师范教育学校升格的本科院校来说，“双师型”教师队伍建设又是一项全新的任务。虽然“双师型”的概念很多人都不会感到陌生，而且在德国、美国等发达国家早已有了成熟的建设机制和明显的培养效果，在我国则无论是理论探讨还是实践运作，都没有形成成熟完整的认知体系和行之有效的权威做法。很多学校的“双师型”教师队伍建设仍然处于探索和起步阶段，面临着观念更新、路径摸索、措施配套、制度创新等方面的艰巨任务。

一、“双师型”教师的内涵

就字面上理解，“双师型”教师就是具有两种以上培养人的能力资质的老师。其中教师是其首要的身份，是主体，其他的身份都是依附于这个身份之上的，强调的是教师的“一专多能”。不是从事教学工作的人员，即使具有多重的“师傅”身份也不能称作“双师型”。如果在传统的“教师”身份之外，还具备工程类、财会类、金融、司法类等方面并经过正规机构认定的专业职称或等级证书，都属于“双师型”教师的范畴。有的地方把具有基础教育教师职称或具有企业、行业和行政管理经历的教师也称为“双师型”教师。

在国内的相关研究中，对“双师型”教师的认定还没有统一公认的标准。一种观点认为应当以获得证书为依据，在取得教师资格证的基础上另外再获得经正规机构认定的专业技术等级证书，就可以称为“双师型”教师。另外一种观点则认为，应当以具备的能力为依据，既具备理论教学的能力，又具备实践课教学和指导学生实践的能力，就是“双师型”教师。还有一种观点认为，单凭证书或单凭能力都难以认定为“双师型”教师，因为很多证书并不能证明获得者具有相应的能力，更无法证明他有相关的实践经验和实际操作技能。至于说是否具备某种指导学生实践的能力，没有相关的专业等级证书也很难确定。这种观点认为，“双师型”老师的认定，既要看证书，也要看能力，除具备高校教师资格证和相应的教学能力外，还要具备非教学系列的专业技术证书以及相应的资历和能力。

虽然目前国内还没有完善的“双师型”教师的内涵界定和执行标准，但对“双师型”教师应当具备的基本素质还是有很充分的论述，归纳起来，“双师型”教师除具备高校教师的一般专业素养外，还应当具备以下几种素养。

1. 行业专业素养。看一个人是不是行家，并不只是看他是否掌握了这一行的几项技能。一个会做家具的人并不一定是这一行的行家里手，一个熟练的车工也不一定能成为行家。行家的内涵比掌握一项技能要丰富得多。“双师型”教师应当是某方面的行家，具有较为深厚的专业素养。一是具有丰富的职业、行业基本理论知识，了解本行业的历史沿革和发展现状，对行业的前沿技术和发展前景有深刻的认识，熟悉本行业的政策法规，在必要的时候能提出有价值的意见和建议。二是对企业、行业文化有较深入的研究，能准确把握本行业文化的实质与核心，善于利用行业和企业文化凝炼行业、企业精神，用文化元素推进企业管理和行业发展。三是具有相应的管理协调能力，能进行有效的沟通、协调和组织管理，整合相关资源，调动各方面的积极因素，激活创新和发展潜力，化解企业生产和营销过程中的各种矛盾和消极因素。四是具有较强的专业实践能力，熟悉行业的生产工艺和操作技能，熟悉企业的生产环节和销售流程，能有序组织企业按章程和计划开展业务，在行业或企业出现不景气的情况时能够提出科学有效的应对之策。虽然在目前的教师成长机制下，很难有地方本科院校的教师达到这样高的行业专业素养，但作为“双师型”教师的认定标准和发展目标，从培养高素质应用型人才的需要来看，高质量的行业专业素养还是值得每一个“双师型”教师作出不懈努力。

2. 行业道德素养。在中国传统社会里，七十二行，每一行都有不同的行规，这种行规包含与本行业相适应的道德约束。养成自觉遵守行业规定的习惯，就是行业道德素养。在新社会特别是改革开放的新形势下，很多行业的界线被打破，一些过时的行规被废除。但是行业道德素养依然存在，也有其内在的合理性。“双师型”教师不仅应当具备行业的职业素养，还应当拥有相应的行业道德素养，这种素养对培养学生的社会公德和社会适应能力至关重要。当下的行业职业道德可分为两大类，一类是各行业约定俗成的公约和规矩。这类规矩有的是显性的，对行业之外的人也是公开的；有的是隐性的，只在行业内部流传而不足为外人道的，特别在一些传承性比较明显的手工行业，比较讲究行业规矩，包括尊重师傅，关键工艺的保密，一些秘而不宣的仪式等。另一类则是各行业都普遍适用的职业道德，如不能恃强凌弱，不能欺男霸女；要讲诚信，不以次充好，以假充真；要积善行德，用余钱做一些铺路架桥的善事，回报社会，不能为富不仁；要同情弱者，关心弱势群体，接济和帮助那些遇到不幸和困难的人。行业道德并不是一成不变的，特别是在市场经济背景下，追求利益最大化的动机使很多规范行业行为的道德原则被遗弃，行业道德总体水平呈下滑态势，但作为以教书育人为目标的教师，不仅应当了解和尊重各种优秀的行业道德，还应当把行业道德内化为个人修养，用言传身教影响学生。

3. 市场经济素养。企业和行业，大多数都是市场经济的主体，没有市场经济素养的人是办不好企业的。同样没有市场经济素养的教师也是培养不出优秀的应用型人才的，因此“双师型”教师应当具备较高的市场经济素养。市场经济素养的内容比较复杂，其中特别重要的有几点。第一，依法经营意识。市场经济是法制经济，市场主体需要遵守相关的法律法规，依法经营，依法纳税，自觉维护消费者的合法权益，才能保证市场的充分发育和正常运转。第二，错位发展意识。市场经济是竞争性经济，跟在别人后面去发展永远形不成竞争优势，只有找准市场空当，发展人无我有、人有我优、人优我特的路子，才能在市场竞争中占得一席之位。独到的市场眼光往往比拥有其他市场要素更重要。第三，合作共赢意识。市场经济是合作经济，通过合作可以达到扬长避短、整合资源、做大优势之效果。市场主体的合作需要双方有坦荡的态度、互利的胸怀、协商的诚意等。第四，资源配置能力。能够盘活存量，扩大增量，激活市场要素的能量，聚集各个方面的资源，使包括人力资源在内的各种资源得到合理而充分的利用。通过知与行、智与技的综合运用实现资源的优化配置。第五，市场营销能力。产品只有通过市场销售才能成为商品，才能产生剩余价值。市场营销能力是市场经济素养最重要的内涵，囊括从产品设计、生产、包装、宣传到售后服务等环节，其中任何一个环节出现了背离市场经济规律的现象，都会对企业和行业带来严重甚至致命的后果。

从总体上说，目前地方本科院校对“双师型”教师的认定标准还停留在掌握一两项技能的层面上，“双师型”被简化为“老师”+“技师”，对与企业行业相关的职业素养还没有引起重视。这种结构的“双师型”教师很难培养出优秀的应用型人才。其实，一个学生具有良好的综合素养比他掌握一两门实用技能重要得多，技能可以在较短的时间内通过教学和实训来获得，而良好的企业和行业素养往往需要身临其境的熏陶和磨炼。如果地方本科院校的教师能够在学校里给学生传达一些相关的信息，引导和指导学生加强企业和行业素养，再辅之以现场的时间相对较长的实践锻炼，就能让学生在进入企业和行业后少走弯路，少遇挫折。

二、“双师型”教师在地方本科院校转型发展中的重要作用

如果说教师是教育的根本，那么，“双师型”教师则是地方本科院校赖以生存和发展的命脉。“双师型”教师队伍的数量与质量如何，直接决定地方本科院校的办学质量和发展前途，直接决定转型发展的成功与失败。

1. 从学校人才培养目标的转型来看，“双师型”教师队伍建设是培养应用型人才的需要。国家确定地方本科院校以培养应用型人才为主要目标，这是全国高等教育布局的科学调整，是与国家经济社会发展战略调整相适应的。对地方本科院校来说，人才培养目标由学术型向应用型转轨，既是机遇，更是挑战。能不能将机遇转化成优势，将挑战转化为发展动力，最终取决于“双师型”教师队伍建设。

第一，“双师型”教师是培养应用型人才的先决条件。有什么样

的教师就会培养出什么样的学生，只有具备实践应用能力的教师才能培养出应用型学生。在现行高等教育体制机制下，高校学生接受的教育主要在学校，教师是培养和塑造学生的主导力量，学生的实习实训活动更多的是体验而不是增长知识和能力，聘请行业专家来校给学生讲座只能起到“拾遗补阙”的作用，真正系统地循序渐进地传授学生专业知识和实践能力的还是学校的教师，其他任何力量和方式都无法取代教师的地位和作用。地方本科院校要实现人才培养目标的转型，建设一支健全的“双师型”教师队伍是最根本最迫切的任务。

第二，“双师型”教师队伍的素质决定应用型人才的质量。地方本科院校培养出什么样的应用型人才，是真应用型还是假应用型人才，并不是学校说了算，而要看毕业生的一次就业率和就业之后的待遇。社会需要高素质的应用型人才，高素质应用型人才的培养需要高素质的“双师型”教师。学生的专业知识扎实与否，学生的实践操作能力强弱如何，相关的职业修养和市场经济素养如何，在很大程度上取决于“双师型”教师的基本素质。有名无实的“双师型”教师只能培养出有名无实的应用型人才。地方本科院校不仅要保证“双师型”教师队伍的数量，更要保证“双师型”教师的质量。

第三，“双师型”教师队伍的结构决定应用型人才的适应能力。应用型人才既强调专业化，也强调复合型，即具有较广泛的专业知识和应用能力。在各种知识交叉融合越来越快的当下，具有复合型知识和能力的应用型人才，不仅就业的适应性更强，而且创业创新的思路更宽更多，复合型是高质量应用型人才的重要特点。这种复合型应用人才的培养受“双师型”教师的专业和能力结构的影响。地方本科院校应当根据社会对人才需求的特点，调整专业设置，培养和引进相关专业的“双师型”教师，完善“双师型”教师的专业结构，为培养复合型应用人才奠定厚实的师资基础。

2. 从学校服务对象的转型来看，“双师型”教师队伍建设是服务地方经济社会发展的需要。地方本科院校在人才培养目标转型的同时，也有一个服务面向转型的问题。过去地方本科院校的服务方向是模糊的，多向的，现在国家明确要求地方本科院校的服务面向要转到当地经济社会发展和文化建设上来。这种服务更多的是专业技术和专业能力的服务，而不是抽象的理论和学术性服务。能够承担这种服务的主力也是“双师型”教师。从大的方面讲，地方本科院校服务地方主要在三个方面，其中任何一个方面都需要“双师型”教师担任。

第一，服务地方产业建设需要“双师型”教师。产业建设是地方经济社会发展的基础，也最需要地方高校给予人才和技术支持。改善生产工艺，解决技术难题，优化产业布局等，都是地方与高校的服务对接点。地方本科院校要达成这种服务，需要一大批懂专业技术、有实践指导能力的双师型教师，纯学术型教师难以在具体技术服务中发挥作用。

第二，服务地方区域经济和社会发展需要“双师型”教师。当地政府在进行区域经济和社会事业发展的顶层设计中需要进行多方面多角度的思考和论证，需要采集方方面面的合理化建议。地方高校在这方面具有相对独特的优势，一是人才优势，二是专业优势。相对而言，地方本科院校的教师既有比较开阔的专业视野，也能够跳出地方看地方，不囿于地方政府原有的成见，在发展思路和措施上提出有价值的意见和建议。已经有一些地方高校建立了专门为当地区域经济和社会发展出谋划策的“智库”，能够入选“智库”并真正发挥作用的也是“双师型”教师。那些对区域经济发展、社会综合管理、城镇规划布局、城乡统筹发展等方面有深入研究的教师最受地方政府的欢迎。

第三，服务地方文化建设需要“双师型”教师。在地方经济建设风生水起的同时，地方文化建设也渐渐被提上重要议事日程。地方本科院校所在的行政区划内，很多富有特色的传统文化和地方文化有待挖掘整理和开发利用。相对而言，地方政府能够对地方传统文化进行深度发掘整理利用的专业人士并不多，亟须高等院校的积极参与。这是地方本科院校可以大有作为的服务领域，更好发挥面向当地、服务地方的作用，在服务中达到保护和传承民族和地方文化、丰富当地发展的内涵和品质、活跃群众文化生活的目的，同时还可以做大做优地方本科院校的特色学科和专业，提高高校和地方的知名度。这种合作共赢的服务最终还是需要一支优秀的“双师型”教师队伍。

3. 从学校自身发展道路的转型来看，“双师型”教师队伍建设是保障地方本科院校特色发展的需要。地方本科院校自身也将从过去以外延发展为主转到以内涵发展为主的轨道上来，这种内涵发展应合了国家提出的高校“双一流”建设目标。地方本科院校要建设成为世界一流的高校，必须建设世界一流的学科，一流学科的建设又离不开一流“双师型”教师队伍的建设。

首先，地方本科院校的一流学科只能在“应用”两字上做文章，在学术理论上争创一流学科的可能性微乎其微，这是由其特点所决定的。而在应用型学科建设上，地方本科院校具备贴近地方、贴近实践的优势，通过与当地经济社会和文化建设相结合，在生产建设第一线不断探索创新，完全有可能创造人无我有的专业和学科优势，进而创建在国内外有影响的一流应用型专业和学科。

其次，地方本科院校的一流学科只能在“特色”两字上做文章。

这种特色不可能体现在某种重大前沿科学理论的发现上，只能体现在与地方的紧密融合上，因为区域经济布局的差异性决定了不同本科院校所在地的经济和产业结构的独特性，不同地区的文化和民俗也有各自的特点，只要坚持服务当地经济社会文化发展的方向不动摇，其专业和学科特色就会不期而至，就能够通过持续不断的积累，构成地方本科院校明显的办学特色，形成一批特色专业和特色学科。无论创建应用学科还是创建特色学科，都需要地方本科院校与当地经济社会文化实现精准和深度的融合，而实现这种融合的真正力量就是“双师型”教师队伍。这支队伍的素质越高，能力越强，校地合作的领域就会更宽广，联系就会更紧密，效果就会更明显，创建一流应用和特色学科的几率就会更大，学校的内涵发展就会更加持久辉煌。

三、地方本科院校“双师型”教师队伍的现状与困境

尽管“双师型”教师队伍建设关乎学校的前途和命运，事实上地方本科院校“双师型”教师队伍总的情况是基础薄弱、发展缓慢的，需要解决的问题和困难很多。具体有以下几个方面。

1. “双师型”教师总量少，比例低。绝大多数地方本科院校真正的“双师型”教师人数并不多，占专任教师的比重低。在欧美等发达国家，高校专职教师所占比例并不高，以美国高校为例，31%为专职教师，69%为兼职教师。① 我国的地方本科院校“双师型”教师占专任教师的比重都在10%上下，与国家要求地方本科院校“双师型”教师应占30%以上的比例相差甚远。问题还在于数量稀

① 于敏：《应用型高校“双师型”教师团队实践创新能力的提升》，载《财会月刊》，2013年9月。

缺的“双师型”教师都集中在少数几个学科和专业，很多专业基本上没有双师型教师。

一是工科专业的“双师型”教师多一些，文科专业特别是文化方面的“双师型”教师少。工科专业本身比较注重培养学生的实践动手能力，不少学生在毕业之前就考取了与专业相关的技能证书，经过实习实践后能掌握一定技能，留校后通过进修培训就是“双师型”教师。同时这些专业与企业联系比较紧密，通过企业培训“双师型”教师或直接从企业引进专业人才到学校任教都比较方便；而文科专业的课程比较抽象，缺乏实际操作特色，更缺乏培训锻炼的平台，在专业评价上也缺少统一公认的行业认定标准，因此在文化产业开发、文化策划、文化资源利用方面几乎没有“双师型”教师。

二是市场上吃香专业的“双师型”教师少，而相对过剩专业的“双师型”教师多。金融、软件开发、建筑设计等方面的人才都是市场的“抢手货”，不仅很难从外面引进人才来担任专业教师，而且学校已经培养成长的“双师型”人才也经常被企业高薪挖走。而一些市场人才需求相对饱和的专业“双师型”教师比较丰裕。这种状况一定程度上制约了地方本科院校对接市场需要设置专业的努力。

三是行政管理方面的“双师型”教师比较少，财会管理方面的“双师型”教师相对比较多。具有机关行政单位管理经历的人才，特别是具有一定行政职务的负责人很少愿意到地方本科院校来当教师，有些省市想打通高校与地方党委政府干部交流的通道，结果高校去地方任职的积极性远远高于地方干部来高校任职的积极性，相反高校里那些有管理能力的教师却总想着法子通过考公务员等途径转岗到行政机关。而其他类型的管理人员因为可以通过自学考试而获得资质，加之社会上具有这类管理资质的人员比较多，地方本科院校中他们所占的比例要高得多。需要说明的是，这里所表述的“三多三少”都是相对而言的，都没有改变“双师型”教师严重不足的状况。

2. “双师型”教师证书多，作用少。在地方本科院校现有的“双师型”教师中，也存在有其名无其实的现象。一种是有证书无经历。现行制度下很多证书都是可以通过考试获得的，财会、律师、建筑等行业都有这种渠道。这种考试只考知识点，并不考察考生的实践能力，也不要求有相应的实践经历和行业工作背景，因此有的教师一个人就有好几种这类证书，但是拥有这类证书并不代表具备在实践教学中指导学生的本领。另一种是有经历无能力。虽然有些教师有过相应的行业工作背景和实际经历，但要么时间过短，没有积累足够的经验和技能；要么间隔太久，原来所了解和掌握的专业知识和技能早已过时或生疏；要么曾经任职或工作的单位或行业规模小，层次低，科技含量不高，个人专业素养和能力没有实质性提高。还有一种情况就是有能力不对岗。有些教师获得了相关的行业证书，也有过在企业行业工作的背景，但是实践能力也不弱，但其专业能力与其从事的教学内容不对应，不能达到专业技能和教学内容的有机融合。产生这种现象的原因也比较复杂，既有利益方面的考虑，如不同专业教学的效益不一样，有的老师宁愿选择没有行业证书但效益好的专业去任教；也有专业调整的结果，有的专业因客观原因逐渐萎缩，部分教师被调整到其他相关专业，其行业资质失去了效用。凡此种种，都不能成为名副其实的“双师型”教师。

3. 建设“双师型”教师队伍的制度、机制不完善。可以说，地方本科院校的双师型教师队伍建设还处于起步阶段，相关的制度机制还很不健全，工作还没有走上正轨。一是“双师型”教师的认定制度不健全。“双师型”教师应当具备什么条件，是重证书还是重能力，或者两者兼顾，都没有一个统一的标准。哪些机构颁发的行业证书才能认可；有了证书之后需要多长时间的实践阅历才算具备相应的资质；有什么资质的企业、行业背景才能承认其从业资历，等等，都是一些值得认真商榷和解决的问题，都应当有相对完善的制度规定。要防止为提高地方本科院校的“双师型”教师比例而降低认定的门槛。二是“双师型”教师的培养机制不健全。很多学校对哪些专业要培养“双师型”教师，什么年龄段的教师要进行非教育专业的培训，招聘进来的年轻教师需不需要先去企业和行业锻炼后才能上岗教学，这些都没有确定下来。教师去企业和行业挂职锻炼的经济待遇如何确定，对职称评定有何优惠，通过什么措施调动教师参加企业和行业培训的积极性，教师在企业或行业实习锻炼的效果如何评价，所有这些问题都是地方本科院校无法绕开的，任何一个问题解决不好，都会影响“双师型”教师队伍建设。三是“双师型”教师的引进机制不健全。地方本科院校的“双师型”教师队伍建设需要培养与引进并举，引进一些学科建设急需的应用型教师，能迅速缓解实践教学师资不足的矛盾。但在实际工作中，引进应用型教师也存在许多不确定因素。在引进方式上有全职、兼职、特聘等，不同方式之间的待遇如何保持相对的公平合理，不同行业之间的兼职或特聘教师的待遇如何确定，没有一套科学的机制。在引进对象上有管理型、技术型、操作型，他们之间的等级如何确定，需不需要形成对应关系，比如企业的高管如何确定他的职级待遇，有些获得过国家级大奖却没有相应专业技术职称的人才，引进之后其待遇如何确定。这些非常具体的问题既需要完善的制度规定，也需要灵活的处理机制。地方本科院校相关制度机制的建设往往滞后于实际工作需要。

4. 培养“双师型”教师的实践平台少，档次低。很多地方本科院校所在地区的工业化水平偏低，生产型企业数量少，规模小，工艺比较落后，产品的科技含量比较低，不少还是家族式的手工业作坊。选送教师到当地企业实习锻炼，不能接触行业的先进技术和管理理念，效果十分有限。有些学科专业将教师送到省外的大型企业挂职锻炼，虽然可以起到培训老师的作用，但副作用也很明显，不仅培训成本增加，而且脱离了地方本科院校为当地经济社会建设服务的宗旨，老师掌握了一些先进的理念和技术，也很难在当地有用武之地。同时，受眼界和抱负的局限，多数地方企业和行业负责人抱着小富即安的心态，加之地方本科院校的一些专业设置与地方产业发展脱节比较严重，学校教师对地方企业行业的技术支持和专业指导有限。他们既不愿意与地方高校开展技术合作，也不愿意接纳教师去实习锻炼，经常找出各种理由拒绝前来协商的学校部门负责人。地方政府在校企合作中的主导作用也没有充分发挥，缺少引导和激励当地企业开展校企合作的政策机制，不少校企合作都流于形式。这些现象使地方本科院校的“双师型”教师培养培训深陷困境。

四、“双师型”教师队伍建设途径

地方本科院校加强“双师型”教师队伍建设任重而道远。采取什么措施，选择什么路径，达到什么目标，都需要结合本校实际，听取各方意见，经过科学论证，作出正确抉择。在校级层面上，一是统一思想认识，使全校上下明白加强“双师型”教师队伍建设的重要性和紧迫性，形成上下一心、齐抓共管的工作合力。二是做好顶层设计和建设方案，明确“双师型”教师队伍建设必须以提高教师实践教学和应用能力为重点，以强化学生实践能力和创新精神培养为宗旨，以促进学生就业创业为导向，不断提升教师队伍综合素质；明确“双师型”教师队伍建设的近期和中长期目标，用目标凝聚人心、汇聚力量。三是制定相关的制度、机制，根据需要建立一系列相互衔接、相互补充、相互促进的管用的规章制度，用制度保障工作的正常运行。在学校的中级层面上，主要是根据学科和专业建设实际，制定“双师型”教师培养计划，动员教师参与相关的职业技能培训，认真贯彻落实学校的工作部署，对实际工作中出现的矛盾、问题提出解决的意见和建议，供学校决策参考。在教职员工层面，主要是认清地方本科院校转型发展的新形势、新任务，解放思想，更新观念，抛弃落后的教育理念，积极响应学校的号召，主动参加各种学习培训活动，努力提升实践教学能力和实际动手能力，用实际行动推进“双师型”教师队伍建设。只有学校各级领导、各个部门和所有教职员工都行动起来，营造健康向上的良好氛围，形成强大的推进合力，才能促进“双师型”教师队伍建设顺利进行。在建设“双师型”教师队伍过程中，应当注意做到四个“坚持”。

1. 坚持培训与引进并重，以培训为主。地方本科院校的“双师型”老师队伍建设，要坚持两手抓。

一手是大力抓培训。通过系统培训使学校现有大多数教师掌握一至两门专业实用技能，建设一支能力突出、结构合理的地方“双师型”教师队伍，打牢学校转型发展的师资基础。一是加强教师实践（挂职锻炼）基地建设，学校与合作单位签订培养协议，建立长期产学研合作关系。每个教学学院均有相对稳定的校外教师实践培训基地或教师实践能力培养合作共建单位。每年都有计划地选派教师到实践基地进行实践操作、实践教学、技术指导、技能培训等工作，将课堂、实验室、技能培训延伸到企业和行业。二是建立教师培训上岗机制。年龄在 45 岁以下的应用性专业的教师分期分批参加实习培训，培训之后达不到相应技能资质的教师不再上讲台教书，并相应扣减绩效工资。对拒不参加培训的教师，除扣减绩效工资外，还应取消其评先评优和晋职晋级的资格。凡是没有企业行业工作经验的新进教师先参加培训，取得合格证书后才能给学生上课。三是建立老师培训激励机制。对通过培训获得职业技能证书的教师，给予一次性现金奖励，并解决培训期间的交通住宿费用和差旅补助，奖励性绩效享受学校老师的同等待遇，在职称评定和评先评优时给予倾斜照顾。

一手是适度抓引进。对实践教学急需的学校一时难以培养的“双师型”教师，可以通过从企业、行业和机关事业单位引进人才的办法加以解决。从地方本科院校的实际情况看，引进“双师型”教师受经济实力和区位条件的双重限制，大量引进有真才实学的专业人才可能性不大，只能作为“双师型”教师队伍建设的补充措施。重点引进具有 3 年及以上企业、行业工作经历的技能型人才，考虑到他们要给学生上课，引进的人才也要有适当的学历，一般情况下应当是全日制本科以上学历。对在省级以上技能大赛中获奖的高技能人才，可适当放宽引进条件。对引进的人才当中没有课堂教学经验的，也要有计划地对他们进行教师资格培训，丰富他们的教学手段，提升他们的语言表达能力和课堂驾驭能力，真正成为“双师型”教师。

2. 坚持专职与兼职并重，以兼职为主。地方本科院校的“双师型”老师队伍应当由专职和兼职教师构成。专职老师必须是真正的“双师型”教师，既熟悉教育教学规律，能在课堂上给学生上优质的理论教学课和实践教学课，又具备教学能力之外的其他能力，能带领和指导学生搞好实习实训。专职教师是培养应用型人才的主力，对学生的全面协调发展负主要责任。兼职教师虽然也可以列入“双师型”教师范畴，但不一定要求他们具有高校教师资格证，也不一定要求他们全面掌握教育教学技能。他们的职责主要是利用丰富的行业经验对学生进行某种专业技能的培训或指导学生开展专业实习实训。单就某一项专业技能来讲，兼职教师应当比专职教师更内行更优秀，能够弥补专职教师的不足，能更好地培养学生某一方面的专业技能。从这个意义上专兼职教师形成了良好的互补关系。专职老师选素质，少而精，兼职教师选特色，多而广。而且兼职教师针对性强，聘用灵活方便，不像引进专职教师那样要求全面，对学校编制和费用的负担都相对较轻，这是地方本科院校培养应用型人才的最佳选择。从“双师型”教师的结构看，兼职教师的比例应高于专职教师。地方本科院校要积极与企业、行业建立良好的合作关系，建立兼职教师队伍人才资源库，广泛吸纳各行各业的优秀人才入库，聘请有实践经验的企业技术骨干或行业专家来校担任兼职教师，指导教师和学生的实验实训，帮助校内教师了解行业发展动态，提高实践能力，促进科研成果转化和教师向“双师型”转化。

3. 坚持资质与能力并重，以能力为主。“双师型”教师是地方本科院校转型发展和培养应用型人才的需要，应当突出其实践动手能力的要求。保证“双师型”教师的实践能力，关键是把好“双师型”教师认定这个关口，以认定促提高。首先，要强调相应的资质，企业和行业的相关资质证书表明其拥有者接受过相应的理论教育，掌握了相关的专业知识。没有资质证书为依据，“双师型”教师的认定工作就会陷入无章可循、无据可依的混乱状态。同时对这类资质证书应当进行严格审核，但凡不是由政府授权的机构颁发的证书应当视作无效证书，不予认可。其次，要强调行业的职业背景，就是有相应的实际工作经历。这种经历应当有三个方面的要求。一是时间的要求，就是近五年内在相关的企业或行业里累计工作时间不少于两年。实际工作经历的时间隔得太久其专业知识和技能有可能过时，在企业行业工作的时间太短，则无法获得相应的专业技能，更培养不出相关的职业素养。二是岗位的要求。原则上应当是证岗相符，在企业行业里的工作岗位应当与资质证书相对应，是管理类的应当有管理岗位的工作经历而不是专业技术岗位的工作经历，相反，如果资质证书是专技类的则应当有在企业一线从事本专业相关的专业技术工作的经历。三是成果的要求。在“双师型”教师认定过程中，应当适度参考其在企业行业工作期间的业绩和成果，成果突出的应当优先认定。在近五年主持并完成两项市级及以上应用技术研究，成果已被企业或行业采用并达到同行业先进水平的，可适当放宽在企业行业的累计工作年限，甚至不需要相关的资质证书。最后，要强调资质与经历相匹配。在“双师型”教师认定时，资质证书应当与所从事的企业行业的经历相一致，不能笼而统之地只看其有无一线工作经历而不看是否匹配，以保证“双师型”教师队伍的质量。

4. 坚持合作与共享并重，以共享为主。地方本科院校的“双师型”教师队伍建设不可能在校园内完成，必须与企业、行业和政府建立广泛的合作共享关系，借助校外资源和平台实现自身的目标。首先是加强合作。地方本科院校与地方合作培养“双师型”教师大致有四种方式。一是与企业行业建立合作教育基地，形成产学互动关系，基地既是学校教师实习实践的平台，也是企业员工专业理论和技能培训的场所。二是与企业行业建立合作机制，由政府部门牵头，建立双方稳固顺畅的合作关系，并督促相关协定协议的执行。三是与企业行业合作开发课程，充分利用企业行业的市场、技术和人力资源优势对接地方产业发展开设新课程，筹建新专业。四是与企业行业开展课题合作，从当地经济社会发展过程中遇到的技术难题和瓶颈问题中生成科研课题，“发挥地方本科院校的优势，整合各相关企业的力量，开展重大技术创新研究，以重点技术的突破引领学科专业的创新与升级”。① 这四种方式对“双师型”教师的培养具有重要意义。其次是坚持共享。共享不仅是国家层面的发展理念，也是促进学校与企业、行业和政府机构合作，加快“双师型”教师队伍建设的保证。共享主要在三个方面。一是技术共享，除专利技术外，学校和企业行业都应当彼此分享对方的学术和技术，学校教师要运用自己的专业知识帮助企业解决技术难题，企业也应当把先进的生产工艺和核心技术展示给教师。二是设施共享，学校对企业行业开放科技平台资源，包括实验室和各种实验、分析、检测仪器设备，企业和行业也应该向高校教师开放机器设备和操作流程，以提高教师实践能力。三是成果共享，学校和地方政府要不断完善科技成果的转化机制，不断提升企业的产品质量和经济效益；企业也应主动向学校教师通报技术攻关和工艺创新的成果，丰富教师的知识储备和实践技能。良好的校企、校行、校政合作关系，是地方本科院校培养“双师型”老师的最重要的基础。

① 陈永斌：《地方本科院校转型发展之困境与策略》，载《中国高教研究》，2014年第11期。

第四章

加强师德建设

高尚的师德是教师人格力量之源，是教师热爱教育、热爱学生的动力之源。师德是教师队伍建设的核心，一支优秀的教师队伍首先应当是具有高尚师德的教师队伍。

虽然有关师德建设的文章和书籍已是汗牛充栋，但对师德的内涵却仍然没有一个统一的界定，很多文章都对这个问题避而不谈，直接切入师德的具体表现和成因分析。有一些文章或著作在师德内涵的界定上或失之于宽，把一般性社会道德作为师德内涵，如把锐意进取当作师德的内容；有的失之于简，认为“师德就是教师的职业道德”，这是一种毫无意义的同义反复。其实，离开具体的教育背景去界定师德的内涵不仅困难，而且没有必要。角度不同，给出的师德内涵不同；学校类型不同，对师德的要求也不一样。对一个幼儿教师的师德要求肯定有别于对高校教师的师德要求，职业教育学校教师的师德内涵也会不同于普通高校的师德内涵。在具体的语境下，根据人才培养目标的特点和服务面向来界定教师的师德就会容易得多，准确得多。地方本科院校作为近几年出现的一个带有独特含义的高校群体的指称，其师德内涵既有与其他高校相同之处，也有不同之处。

一、地方本科院校的师德内涵

从表面上看，地方本科院校教师的师德与其他学校的师德并没有很大的区别，但因不同类型的学校人才培养的目标不尽相同，其师德的侧重点也会有所不同，甚至同一概念之下的内涵也有所不同。如“关心学生”，这是所有老师都应当具备的师德规范，但不同的高校教师，如何关心学生，关心学生什么却有不同的内涵，关心学术型高校学生应当帮助他们提升科研能力，而对应用型高校学生的关心则应体现在帮助他们提升实践操作能力上。脱离具体的语境来谈师德，很容易使师德内涵流于空泛。结合学校的办学宗旨和办学特点，笔者认为，地方本科院校的师德应突出五句话，二十个字，即忠于教育，关爱学生，热爱学校，乐于服务，勇于创新。

1. 忠于教育。当教师首先要热爱教育，忠于教育事业，这是师德最重要的内涵。无论什么类型的学校教师，都必须对教育始终保持应有的忠诚态度，才有可能成为一个合格的教师。首先是忠诚于教育职业。对教书育人有强烈的事业心和责任感，有饱满的热情和忘我的激情。没有对教育这个职业的忠诚，就找不到学习和进步的动力，就创造不出不俗的业绩。对地方本科院校的教师来说，面临着转型发展背景下的知识更新、能力更新和观念更新，没有对教育事业的忠诚和执着，面对转型的压力和困难，就会踌躇不前、患得患失，根本无法实现脱胎换骨的更新，必然落后于时代前进的步伐，甚至成为转型发展的绊脚石。其次是忠诚于教育方针。忠于教育必须忠诚于国家的教育大政方针。教育是领先于社会发展步伐的，而国家的教育方针是引领教育发展的方向的，只有忠诚于教育方针才能推动教育事业沿着正确的道路前行。国家从整体上提出了推进素质教育的方针，又对地方本科院校提出了向培养高水平应用型人才转型的方针，对这些教育大政方针的态度和执行力度最能体现教师对教育事业的忠诚度，认真地不折不扣地贯彻落实这些方针政策，使个人的育人理念、教学思路以及教学方法都与国家的教育方针相一致，就是新时期忠于教育的最好表现。最后是忠诚于教师荣誉。始终以教书育人为荣，扎实工作，恪尽职守，在传道、释疑、解惑中体现人生的价值，获得生命的幸福，不为外界的喧嚣所扰，静下心来教学；不为市场的物欲所诱，潜下心来育人。把教师职业看得比金钱和权力更重，淡泊名利，乐于奉献。地方本科院校的教师在服务地方、服务企业的过程中，无法避免与企业和市场打交道，没有对教师荣誉的忠诚，轻则改行跳槽，重则不择手段敛财，师德沦丧。

2. 关爱学生。关心爱护学生是教师的天职，也是师德的核心。一个不关爱学生的人是没有资格当老师，也当不好老师的。关爱学生至少有三层含义。首先是悉心教导学生。把最先进最有用的知识和技能传授给学生，不仅是每一个教师的责任，而且应当成为每一个老师的自觉和习惯。不断更新知识贮备，不断丰富教学手段，认真备好每一堂课，采用最科学的教学方法，保证每一节课都能让学生有所收获有所启发，每一个学生都不掉队。以“爱生如子”的情怀和“诲人不倦”的责任，精心培养学生的专业知识和能力，悉心传授学生做人的道理，让学生快乐健康地成长。其次是尊重学生的个性。教师教育的对象是灵动的生命个体，都是具有鲜明个性的人，尊重学生的个性是关爱学生的重要内容。优秀的教师不仅能包容学生的个性，还能发现学生的个性，再根据不同的个性因人施教、因材施教，而不会用一个模式去教育学生，用一种标准去评价学生。地方本科院校以培养应用型人才为己任，尤其需要教师去发现和发展学生的个性，以适应社会对高素质人才的多样化需求，使学生的兴趣爱好与他所学的专业以及以后的职业高度融合。最后是关心困难学生。教师代表社会的良知，师德是社会良知的集中体现。教师对困难学生和学生困难都应当具有强烈的同情心，想方设法去帮助他们，给予最真诚的关怀。任何歧视经济困难或学习困难的学生，都是不道德的行为，都是与师德格格不入的。教师不仅是知识的传授者，更是爱的传播者和公平理念的传承者，不能有一丝一毫的嫌贫爱富、恃强凌弱的言行和态度，否则会对学生的人生观、价值观造成不可愈合的伤害，并从源头上污染社会风气。

3. 热爱学校。学校不仅是教师工作生活的场所，更是教师展现个人魅力与智慧、实现人生价值的重要舞台。因此，在一定程度上可以说，热爱教育事业的教师都会热爱学校，就像热爱庄稼的农夫都会热爱土地一样。相反，一个不热爱学校的老师也不大可能热爱教育。当然，热爱学校并不意味着只能爱某一所学校，对一部分老师来说，不是不热爱学校，而是有选择性地喜爱一所学校，这种选择有时是因为生活习惯，有时是因为事业和平台，也有的因为感情或家庭原因。这些情况当然不能定性为不热爱学校，而是希望寻找更适合自己的工作和生活平台。“良禽择木而栖”，凤凰非梧桐不落也是自然道理，很多“良禽”找到适合自己的“树林”，就会深爱那片林子，很多教师找到了适合自己的学校就会深爱那所学校，我们没有理由把教师适当的择校看作是不热爱学校。但也有少数教师反复择校，却始终找不到自己喜欢的学校，每到一所新学校，总是强调学校对自己的义务，从不承认自己对学校的责任，内心经常处于抱怨和不满状态，长时间无法融入学校。就地方本科院校而言，因其区位不尽优越，设施不尽优良，待遇不尽优渥，更是成了他们指责抱怨的对象。他们当初可能是抱着临时过渡的想法参加地方本科院校的招聘，进校工作几年后，在教学科研上有所成就，具备了到大城市的高校就业的资本，便弃地方本科院校如旧履，而且还通过网络等媒体，批评学校这也不对那也不好，仿佛他离开是地方本科院校所迫。在这类人心中，学校只不过是追名逐利的工具，地方本科院校只不过是一块“跳板”。因为缺乏对学校的爱，他们永远找不到自己喜欢的学校，在任何地方都是“负能量”。其实，学校和教师是相互依存的两个主体，需要相互支持和理解。学校要关心教师的生活和事业，教师更应当真心实意地支持学校的发展，去了解学校，理解学校，真正做到以校为家，爱校如家，通过与学校同休戚共命运，强化教师个人对学校的认同感和归宿感。树立主人翁意识，对学校存在的各种问题提出建设性的批评与建议，积极主动参与学校的民主管理，用心甘情愿的态度把所有的精力和智慧倾注到学校发展中来。即使确实因特殊原因要调离地方本科院校，也应对学校心怀感恩，维护和珍惜学校荣誉，给学校其他教师和学生留下一个清晰而美好的背影。

4. 乐于服务。服务是教师的职责，服务学生，服务学校，服务社会，都是教师最基本的责任。但是乐于服务还是厌倦服务，是主动服务还是被动服务，则与教师的职业道德紧密相连了。如果说在一流科研型高校从事前沿理论研究的大师通过重大理论科技的突破来实现间接服务的话，对地方本科院校的教师，其服务要直接得多。在地方本科院校转型发展的进程中，教师不仅要更加全面主动地服务学生，培养和造就一大批有专业技术和动手能力的优秀人才和建设者，还要直接面向地方经济建设和社会文化事业发展，为当地提供优质的科技、文化和政策咨询服务。无论服务对象是学生还是企业，教师都应当满腔热忱地运用自身的专业资源和能力认真履行服务职能。在很多时候，态度比能力更重要，而态度又是受道德情感制约和影响的。由于地方本科院校长期与当地经济社会发展相隔离，在感情上缺乏对地方的认知，导致很多老师服务地方的意识淡薄，路径狭窄，主动性不强。转变教师服务地方的态度，增强服务地方的积极性，对学校转型发展和教师事业的发展都至关重要，只有通过强化师德建设，把增强服务地方作为师德建设的重要内容，以师德的提升助推教师态度的转变，以态度的转变增强服务地方经济社会发展的活力与效果，是地方本科院校应当做出的重要决策。

5. 勇于创新。创新是一种理念，也是一种品德。当创新凝练成道德品质的时候，就会成为一种十分宝贵的师德内涵。作为培养创新型人才和引领科技创新的重要基地，地方本科院校需要以创新为其魂魄，而真正铸造创新校魂的首要力量就是教师队伍，因而勇于创新应当成为每一位老师的基本道德取向。只有当创新作为一种师德根植于教师内心，并转化为内生的创新动力，才有可能产生持久的创新行为。任何外在的动员和督促，都无法让教师长期保持创新的活力和兴趣。特别是在社会对失败缺乏宽容和理解、对创新缺乏协同配合机制的情况下，创新的道路上困难重重，没有顽强的道德意志做支撑，创新就很难蔚成风气，也很难取得丰硕成果。就地方本科院校而言，想在并不拥有高教资源优势的条件下在高等教育中占有一席之地，想在高度同质化的众多地方高校竞争中创造特色脱颖而出，创新是唯一可能的路径。地方高校长期沿用的育人模式和教学方法，也需要借创新的手段加以突破，并建立适应现代社会需要的育人和科研机制。可以说，社会呼唤地方本科院校通过创新提供优秀人才和高质量的科研成果，学生呼唤地方本科院校通过创新教学方法来提升教育质量。只有当勇于创新、乐于创新成为每一位老师的道德自觉，地方本科院校才能完成自己的社会和历史责任。具体到每一个教师的实际，勇于创新作为道德自觉，体现于工作目标，就是积极进取，奋发有为；体现于工作能力，就是夯实专业基础，提升专业水平；体现于工作态度，就是勤于探索，敢为人先，不怕失败，砥砺前行；体现于工作方法，就是遵循规律，与时俱进。

二、师德建设的重要性

如果说教师是学校的“脊梁”，那么师德便是教师的“中枢”。没有师德如血液般浸润于周身，教师便无法撑起教育这块蓝天。地方本科院校要加快转型发展、内涵发展，必须抓好教师队伍建设；抓教师队伍建设，必须始终抓住师德建设这个根本不放手。

1. 师德之于教师是最重要的品质。构成教师这一职业内涵的因素有很多，如专业知识、教学方法、沟通能力等，但在众多因素中起决定作用的是师德，师德是教师的灵魂，是教师之所以为教师的根本，没有师德，就不能成其为教师。

首先，从教师的职业特点看，立德是首务。教师的职业与众不同，在整个社会分工中，教师的职业处于最基础、最重要的位置。教师承担着为社会培养高素质人才的重任，这些人才走出校门后将从事政治、经济、文化和社会建设，他们的素质决定未来社会的本质，他们的价值取向决定未来社会的基本走向。所以培养什么样的人，事关国家和民族的未来。而培养什么样的人，最终取决于有什么样的教师。教师的能力决定学生的能力，教师的师德影响学生的品德，而品德是衡量和评价学生最重要的标尺。中华民族历来十分强调培养学生的良好品德，教育的基本职能就是“立德树人”，其中“立德”是首要的任务，教师“传道、授业、解惑”的三大任务中，“传道”又是列居首位，所谓传道，就是道德教育。教师要完成立德和传道的重任，首先要求自身有高尚的道德修养和职业素养，也就是要求教师有良好的师德。

其次，从教师的综合素质看，师德是统帅。教师职业要求教师具有多方面的素质，如专业能力、社会责任、公平诚信、遵纪守法、谦逊自律等，在教师众多素质中，最重要的起统领作用的是师德。一方面，师德在教师素质中处于基础性地位，是凝聚各种素质的“磁极”，各种素质通过师德的聚合体现在教书育人的实践中来，很多素质都以师德的方式显现出来。另一方面，师德是引领和推动其他素质提升的重要力量。师德是教师提高综合素养的内生动力，道德的力量能够规范和助推教师职业素质的提升，没有良好的师德，就不可能有教学科研水平的持续提高。

最后，从教师的事业成就看，师德是标杆。教师事业的成功在于其为社会输送人才的数量和质量，在于其人生价值被多少学生接纳和传承。教师影响学生最大的不是他的专业知识，而是他的人格和人品，很多学生多年后不一定记得老师传授了什么知识，但一定记得老师曾经给予了什么样的关心和帮助。师德高尚的教师能够培养更多更优秀的学生，他们的成就感和职业幸福感就会高于他人。

2. 师德之于育人是最基础的保障。很多著名教育家都阐述了一个共同的观点：爱是教育的真谛。没有爱就没有教育，没有爱心就培养不出健康、善良、有社会责任感的学生。爱又是师德的核心。没有爱心就不可能成就师德。所以师德是教书育人最重要的保证。

第一，诲人不倦需要以师德做铺垫。培养人是一项重要和辛苦的事业，要把一个个个性不同、兴趣爱好不同、学识底子不同的学生培养成人，需要耐心细致、因人施教的谆谆教导，所以古人特别强调教师要诲人不倦。要达到诲人不倦的境界，必须具备“幼吾幼以及人之幼”的爱心，具有“得天下英才而教之”的使命感。师德能够让教师专注于教育，沉心静气地教育学生，心平气和地回答学生的问题，一步一步陪伴学生成长进步。

第二，教育公平需要以师德为前提。教育公平是社会公平的重要组成部分，也是每一个教师需要坚守的原则。然而实施教育公平，需要教师具备优秀的师德。对教师来说，教育公平并不是一条条冷冰冰的规矩，而是一次次在教学实践中体现出来的爱的行动，是对贫困学生无声的支持，对落后学生润物无声的关爱，是课堂内外教师言行举止的细微诠释。只有以师德为依托的教育公平才会对学生发生影响，才会在学生内心真正建立起对社会公平的信任与追求。

第三，矫偏纠错需要以师德为手段。育人的过程其实也是修正错误、减少过失的过程，需要以理性为原则，以师德为手段。只有用高尚的师德构建起良好的师生关系，在师生高度互信的氛围中教师正确的思想观念和价值标准才能为学生所接受，才能让学生坚持真理，修正错误，树立正确的人生观、世界观和价值观。

第四，学生健康人格的养成需要以师德做保证。培养学生健康人格是教育的首要任务。在长期应试教育模式中成长起来的学生，人格健康问题不容忽视，自我中心、责任缺失、个性偏激、心理脆弱等现象司空见惯。解决这些问题，不能凭常规的理论说教，而需要教师以春风化雨般的师德情怀去感动和感化学生，用充满爱意的举止去帮助他们走出狭小的自我世界，破除偏狭的立场视角，主动融入社会和集体；和他们一起承受失败和挫折，分享成功和喜悦。用高尚的师德育人才能造就千百万优秀的社会主义事业接班人。

3. 师德之于学校是最和谐的音符。一个和谐的环境对人才成长和事业成功都具有重要意义。有人的地方就会有矛盾，地方本科院校作为一个知识分子扎堆的所在，人与人之间总会有别扭和芥蒂。处理不当，就会影响教师干事创业的情绪和氛围，对于稳定和招揽人才产生副作用。要营造心情舒畅、守望相助的良好氛围，最有效的途径就是增进师德。首先道德是人际关系的润滑剂。道德是什么？道德就是律己，每一位教师个体都严于律己，守住本分，做好本职，就能够最大幅度减少人际矛盾的发生。同时，道德就是以礼待人，在各种利益冲突面前讲境界，讲谦让，那么很多矛盾纠纷都能够得到很好的化解。其次师德是成就事业的助推剂。师德修养好的教师必然是思想境界高的人，思想境界决定人的格局大小，只有心中有大格局的教师才能有大作为。把人生目标定格在小我上，必然是小成则满，小富则安，而且容易患得患失，终其一生都难成大器。再者，现代社会能干事、干成事都需要团结协作，只有老师彼此都讲师德，都有一颗乐于助人之心，才能够在教学科研中精诚团结，和衷共济。对地方本科院校来说，受客观条件限制，只有充分发挥集体的智慧和力量，才有可能在重要平台建设和重大科研攻关上取得突破。最后师德是职业幸福的兴奋剂。职业幸福感对每一个从事社会工作的人来说都十分重要，只有具备职业幸福感的人才会全身心投入到工作中去，才能对本职工作保持持久的热情。具有良好师德修养的教师会从大局考虑，自觉找准定位，既不会好高骛远，也不会挑三拣四，做到干一行爱一行，从热爱职业中找到职业幸福，在平凡的工作中实现自我价值。总之，师德之于社会是教师最重要的素质，师德之于老师是成就自我的重要力量。

三、道德建设的一般规律

道德修养无论作为心理活动还是作为个人行为，都有其自身规律性。掌握道德修养的一般规律，有助于师德的养成和教化。

1. “道德”修养是一个由外到内的转化过程。道德由道和德组成。道，指独立于主体之外的行为规范，是约束每一个个体的社会行为规定。德，在古汉语中是得、获得的意思。道德“就是外在于主体的东西对主体的输入并因此而产生影响”“使主体接受外部事物并因此而形成一定的品质、标志”。① “道德”实际上就是将外在行为规范内化为个人品质的过程及其结果，它揭示了环境对于个人品德的重要影响。按照孟子等思想家的观点，“人之初，性本善”，人降生到世间之时，心灵都是向善的，后来之所以出现善恶之分，就因为人在成长的过程中受了外在环境的影响。人之初心到底是善还是恶，或者既不善也不恶，这个问题一直争论不清，我们也无须作过多的讨论，但外在环境对人的道德形成和变化的影响，是一个不争的事实。中国传统文化反复强调“近朱者赤，近墨者黑”，揭示的就是环境影响人的道理。我们分析世间大善大恶之人，无不可以从其成长环境中找到善恶之成因。孟子的母亲为了给他提供一个良好的成长环境，三择其邻，就是深谙环境影响人的道理。

2. “修养”是一个由学习到实践的转化过程。修养的“修”，意思是装饰、修改；“养”的含义是提供某种东西而使其成长。结合起来，“修养的意思：利用外在的东西使自己得到改造和完善，并在现实中使其得到成长”。② 从逻辑上讲，修与养是存在递进关系的，“修”是利用外在事物来完善自我并产生某种行为可能性，“养”是在实践中将这种可能性变为现实，并得到成长和强化。《论语》首篇开宗明义就强调“学而时习之”，这句话概括了个人修养的基本方法：学习善的学问并不断练习实践。从个人修行角度讲，学习的对象既包括现实典型和身边事例，也包括传统文化典籍和中华民族许多口耳相传的故事，其中包含有丰富的道德内涵，都可以成为个人修养的参照。但这些外在的道德价值通过个人的主动学习只能成为一种道德认知，要真正成为个人的内在道德原则，还需要将这种认

① 沈顺福：《修养与德性》，载《人文杂志》，2009 年第 5 期。

② 沈顺福：《修养与德性》，载《人文杂志》，2009 年第 5 期。

知付诸行动，在实践中加深理解，最终固化为行为准则和内在戒尺。如果说“道德”作为一种外界强加于人的影响，对个体来说是被动的，那么“修养”则完全是一种个体的主动行为。其主动性表现为主动从外在事物中汲取有益于自身道德成长的营养，和主动将这些有益的营养付诸实践，在实践中形成个人道德修养。个人主动性的强弱，决定个人道德修养的高低，这就是在同样的环境里成长的人其个人修养出现差异的根本原因。道德修养的起点在“修”，重点在“养”。

3. 道德修养是一个由个体向群体转化的过程。所有的道德修养都是一种个体行为，其最初的表现形式是“私德”。“私德”修养作为一种个人行为，完全不同于其他专业修养，人人皆应为而且可为。如果音乐、美术等专业修养受个人的先天禀赋决定的话，道德修养则是每个人都可通过后天努力达到很高境界的活动，正如孔子所说的“人人皆可为尧舜”。决定个人道德修养的是主观努力，影响个人道德修养的是外在环境。由于这种个人修养受主流价值观的影响和约束，“私德”或多或少具备一定的共性特征，众多的“私德”经过融合又演化为对公众具有约束力的“公德”。特别是一些有影响力的公众人物其个人修养经过媒体等途径传播之后就会成为大众认可并接受的“公德”。因此，个人的道德修养影响甚至决定社会“公德”的内涵和方向，“公德”又反过来影响“私德”的形成并借私德发挥其规范作用。两者的辩证关系要求每一个个体都要注重道德修养，追求修养的最高境界，以此不断提升社会“公德”的内涵和影响力，形成一种强大的社会正能量，这种正能量又会反过来促进个人的道德自觉和道德实践。

四、师德建设的主要路径

师德修养和其他道德修养一样，是一项长期的伴随终身的个体行为，且每个人都有自己修身的特点和感悟，不同层次、不同阅历和不同知识结构的人，其修身的方式和技巧应该不尽相同。但作为地方本科院校而言，共同的服务对象、共同的生活环境和共同的工作目标决定了师德修养有共同的路径。

1. 强化一般性道德修养。师德是一般性道德的分支，一般性道德是师德的基础。教师首先是一个社会人，必须加强一般性道德修养，熟悉社会公德规范，自觉遵守社会公德，做模范的社会公民。一般性道德修养越高，师德修养的基础就越扎实。要当一个好教师，首先要当一个好公民。很难想象，一个一般性道德比较差的人，会成为师德高尚的老师。但是，一般性道德不能等同或替代师德，教师作为拥有“人类灵魂工程师”称号的特殊群体，其职业道德即“师德”应当高于一般性道德，教师仅仅遵守社会公德还不够，还要通过高尚的师德培养出一批批具有良好个人修养的学生来影响社会公德。这既是教师的责任，也是教师的荣耀。每一个教师都应当在修好一般性道德的前提下，注重师德修养。师德作为与教师职业相融合的一种道德规范，有其特定的专业性和特殊性。教育部和各地各高校都出台了相关的老师从教的行为规范，这些是新形势下师德修养的基本遵循。没有理论的自觉就没有行动的自觉。教师要结合职业实际和特点，认真学习有关师德规范的相关文件和书籍，掌握教师的基本道德原则和规范，模范地运用于日常教学和生活之中。

2. 制定师德发展规划。地方本科院校的教师要把师德建设作为个人成长和事业发展的重要抓手，制定科学适用的师德发展规划，并纳入个人事业发展的总体规划之中予以突出。把师德修养贯穿于教书育人和学术研究的全过程，用师德规范教学科研的行为细节，确保一言一行都符合新时期教师的职业和使命。师德规划要紧紧抓住增强师德认知，增进师德情感，强化师德意志以及提升师德能力四个方面，结合实际，循序渐进，拿出管用的具体计划。师德认知是师德形成和发展的基础，是指人们对一定社会道德关系及其理论、规范的理解和看法，包括人们通过认识形成的道德观。师德认知的核心在于确立正确的价值观，当前要高度认可社会主义核心价值观。悖离了这个主流价值意识，师德就会丧失时代内涵。师德情感是指教师在开展教学活动所产生的心理情绪反应和内心感受，具体指教师基于本职工作的情感，主要是与学生的情感关系。这种情感关系在教书育人过程中具有特别重要的作用，既来自于教师对道德的认知，更来自于教师与学生的接触与交往。师德意志指老师在履行道德义务过程中表现出来的自觉克服一切困难与障碍，做出抉择的顽强毅力和坚持精神。师德意志的强弱既与道德认知和道德情感的深度有关，更与教师个体的道德实践有关。一般来说，师德认知深刻、师德情感深厚、经常在教学一线处理道德纠纷的教师其道德意志相对坚定一些，师德意志坚定的人更能守住师德底线。师德行为主要指教师按照师德规范所采取的言行举止。任何品德都要以道德行为及其效果来体现，因此只有师德行为才具备社会性，是师德认知、师德情感和师德意志的集中体现。师德行为既反映出教师整体师德素养，也直接产生师德的社会作用和实际效果。教师要针对师德的四个环节制定好师德发展规划，并在实际工作中不断完善和提升师德规划。

3. 坚持知行合一。师德修养的实践性特点要求地方本科院校教师的师德培养必须密切联系实际。一方面要加强理论层面的讨论研究，针对当前地方本科院校师德方面存在的带普遍性的问题进行分析探讨，组织开展一批以师德建设为主题的课题研究，寻求解决的手段和路径。另一方面又不能停留在从理论到理论的层面上，而是把主要精力放在实践中去，在实践中检验和丰富师德内涵，提升师德境界。一要组织教师特别是年轻教师积极参加社会公益活动，参与志愿者服务活动，响应国家号召主动参加教育精准扶贫工作，运用专业知识为贫困县区提供科技服务，对口联系帮扶经济和学习困难的学生，在具体活动中践行师德伦理。二要加强师德培养的经验交流，召开座谈会，组织观摩模范教师的课堂教学，或请有丰富实践经验的优秀教师来校开展专题讲座，“在见习和互助交流、听课学习的过程中用心体会优秀教师的‘教外之意’，感受名师言谈举止间的修养”,① 三要加强地方本科院校与当地基础教育学校的联系，组织高校教师去当地学校听课，广泛接触基础教育阶段的学生，了解他们成长过程中的痛苦与欢乐，熟悉现阶段学生思想道德方面的特点和不足，这对于高校教师把准大学生的道德脉络，增进师德情感，丰富师德智慧，提高师德行动效果，都具有十分重要的作用。

4. 加强优秀传统文化教育。中国传统文化的主要内涵是修身，每一个炎黄子孙实际上都在有意无意地接受传统文化的熏陶和影响。对地方本科院校的教师来说，不能满足于被动地无意识地接受中国传统文化的影响，无论是文科还是理工科的教师，都应主动地学习和研究传统文化，从中汲取有助于个人师德修养的营养成分。在学习中获得熏陶，在熏陶中实现传承，在使中华优秀传统道德文化不断发扬光大的同时，也使教师个人的师德修养不断富于民族特性。学习中华传统修身文化，要从两方面着力，不可偏执一端而忽视另一端。

① 黎建国：《试论师德修养在教学中的重要性》，载《赤子》，2015 年第 9 期。

一是在学习道德修养的内容上下功夫。中华五千年文明史，有关修身的内容浩如烟海，从舜帝以降，每个历史时期都有修身的理论和修身的典范熠熠发光，仅《论语》《孟子》和《史记》《资治通鉴》等经典就包含许多做人和为师的道德内涵，参透了其中的真谛，吸纳其精华，扬弃其糟粕，就能让老师变得正直，儒雅，使正确的道德规范内化为真正的品质和习惯。

二是在学习修身方法上下功夫。修身方法也是中国传统文化的宝贵财富，其中很多修身方法都经过了岁月的淬炼和历史的检验。特别是历代道德大圣所强调的四种修身方法已经深深融入华夏子孙的血液中，成为圣贤哲人的修身宝典。这四种方法就是“内省”“慎独”“克己”“笃行”，它们都是传统文化的精髓，在今天仍具有重要的实践价值。一个能坚持“内省”的教师，始终会对自己有一个清醒的认识，能够正确处理个人与组织、个人与集体、个人与他人的关系。一个“慎独”的人，能够时刻保持初心和敬畏之心，严格自律。一个能够“克己”的人，总能在各种诱惑面前保持淡定，保持人格的自尊和自重。一个坚持“笃行”的人，什么时候都会坚持说实话、办实事、求实效，保持言行一致，知行合一。这些正是我们这个时代所需要和强调的。掌握了这四种方法，地方本科院校的教师无论在什么时候、什么场合，都能通过自我修养保证师德水平的不断提升。

5. 优化地方高校育人环境。道德的形成和发展，始终受到外在事物和环境的影响，并在很大程度上起决定性作用。“事实上，外在环境，不管主体是否愿意，是否意识到，都无时不刻不在对主体施加着一定的影响”。① 就师德修养而言，周边环境和身边人事的影响

① 沈顺福：《修养与德性》，载《人文杂志》，2009 年第 5 期。

往往胜过抽象的理论说教。在一些地方本科院校，总有少数教师师德修养不尽如人意，对职业的冷漠，对个人名利的角逐，对学校和社会的抱怨，对事业缺乏应有的责任和担当等，有的甚至表现为利用考试赋分和专业课程指导的权利，向学生索拿卡要，完全丧失了教师应有的基本操守。同时，地方本科院校在走出“象牙之塔”、实行开门办学的过程中，教师与各种不良社会风气和道德观念的接触面更宽，机会更多，总有一少部分教师经不起市场经济的考验，投机钻营，唯利是图，不停地在各种利益选择中“跳穴”，人生观和道德标准严重倾斜，学术精神和人格严重萎缩。这种人和这类现象虽然是少数，但正在模糊教师的价值界限，误导人们的道德取向，成为阻碍教师师德修养的重要因素。

对师德成长来说，一个充满正义、良知和正能量的学校环境至关重要。一个好的校园环境能促进师德提升，让师德缺失的老师没有市场；一个差的校园环境能败坏师德师风，让有德行的老师没有地位。地方本科院校务必强化校风、教风建设。一要努力营造和谐的人际环境，形成相互依赖、互相帮助、扶危济困、见义勇为的校园氛围。“和谐的师生关系是平等的人与人之间互为主体的关系，应在交往中充满平等、自由、尊重、信任、同情、理解和宽容”。① 二要努力营造公平公正的利益环境，建立健全利益分配机制，不让干实事的人吃亏，不让投机取巧的人上下其手。三要努力营造积极进取的工作环境，建立和完善业绩评价机制，鼓励创新创业，鼓励精益求精，让无所作为者没有地位、没有面子，从而形成拼搏进取的工作氛围。四要努力营造廉洁高效的办事环境。加强对权力的监督，

---

① 赵国祥、冯平：《论高校管理的异化与超越》，载《河南社会科学》，2010 年第 3 期。

强化学校民主管理，规范权力运行，简化办事程序，提高办事效率。

6. 强化师德导向。采取综合措施形成正确的师德导向，对地方本科院校的师德建设意义重大。

首先，强化师德考核评估，把师德建设作为加强教师队伍建设、强化学校管理的重要举措抓紧抓好，建立科学的考核评价指标体系，认真组织师德考核评估工作。要注重师德考核结果的运用，建立健全师德考核奖惩机制，学校将师德考核结果进行公布，并纳入教师业务档案，作为教师晋职晋级、评优评先、评骨干教师和学科带头人的重要依据，对违反教师职业道德规范的要实行"一票否决"。

其次，充分发挥典型的示范引导作用。师德建设要坚持正面教育，榜样激励。每所地方本科院校都有一些先进人物和感人事迹，要善于发现身边的先进典型，广泛宣传和及时推介优秀师德事迹，用看得见、摸得着的先进事迹来激励全体教师，形成示范效应，在广大教师队伍中形成崇尚先进、学习先进的风气，引导广大教师既把自己的职业当作谋生的手段，更把职业当作事业去追求。要深入开展优秀教师和师德标兵评选活动，对师德表现好、教学成绩突出的教师进行表彰，充分激发广大教师参与师德建设、争先创优的热情。学校每学期都要开展时代感和针对性较强的师德教育系列活动，以丰富多彩的活动为载体来促进教师观念的转变，推动教师师德培养。

最后，建立师德监督网络，严肃查处典型案件。师德建设要"两手抓"，一手抓表彰，一手抓惩处。要加强师德师风的监督检查，严肃查处违反师德规范的典型案件。一方面，要加强对师德师风的监督检查。要公开教师职业道德的内容和范畴，让广大教师知悉能做什么不能做什么。要设立、公开教师职业道德举报电话和举报信箱，建立学生、家长和社会共同参与的师德监督网络，畅通师德监督渠道。定期不定期地开展师德师风突击检查、随机抽查和专项督查，对师德师风方面存在的各类不良现象和问题，做到早预防、早发现、早处理。另一方面，要严肃查处违反师德的典型案件，加大对违纪案件的查处力度，对违反师德的教师要严肃处理，情节较轻的进行通报批评，情节严重的依法解聘相应职务，调离教师岗位。涉及违法犯罪的，坚决移交给司法部门处置。通过查处一批师德师风的典型案例，充分发挥警示作用。

第五章

改善师资结构

地方本科院校的师资队伍建设，有一个十分重要的问题需要解决，那就是改善教师队伍结构。由于历史和现实的原因，地方本科院校长期存在师资结构不合理、育人功能不完善的“沉疴”。一方面，由于多数地方本科院校都是由专科升格而来，升本之后新的学科和专业迅速拓展，原有的专业反而被边缘化，导致新设置的学科和专业教师数量和质量严重短缺，而老专科学校的专业教师则随专业的弱化而造成大量剩余。以师范专业为例，师范专科学校升本后，师范专业日渐萎缩，原来的师范专业除了少数年轻教师培训转岗到其他专业外，大多数教师被安排在人文学院等教学学院上一些通识课，教学工作量严重不足，相当一部分教师达不到学校的基本课时量，经济待遇也明显低于其他学科专业的老师。与此同时，一些升本后新开设的专业却出现师资紧缺的状况，老师疲于奔命，有的教学学院一个老师每周的课时量达 26 节之多，一些承担管理职能的学院领导不得不把主要精力放在课堂教学上，影响了教学学院的正常运转。这种专业结构的失衡普遍存在于地方本科院校。另一方面，升本之后的地方本科院校受区位条件、经济实力和事业平台等方面的制约，加之专业设置趋同化严重，同类高校的竞争十分激烈，导致引进专业教师变得十分困难。为解燃眉之急，地方本科院校动员本校教师利用学缘、地缘关系牵线搭桥，引进教师，这就在特定历史条件下形成了明显的教师队伍结构的学缘、地缘化特点。在这种专业教师短缺的背景下，地方本科院校引进的教师大多数是刚从学校毕业的研究生或本科生，这也导致教师队伍年龄结构和学历结构趋同的特点。这些特点已经越来越明显地制约地方本科院校的教学科研和日常管理。改善教师队伍结构已日益成为地方本科院校亟须面对和解决的重大问题。

一、改善师资结构的重要意义

改善老师队伍结构是加强教师队伍建设的题中应有之义。一支结构不合理的教师队伍不可能成为一支合格的教师队伍。结构优良能保障教师队伍整体功能的发挥，在一定程度上弥补教师队伍素质参差不齐的缺陷，而单个老师能力出众并不能消弭结构失衡产生的副作用。地方本科院校应当充分认识改善教师队伍结构的重要性，真正把优化师资结构作为事关教师队伍建设、事关学校发展长远的大事来抓。

1. 教师队伍结构影响学科建设和教学效果。学科建设是学校发展的基础和根本，没有一流的学科便没有一流的学校。而学科建设的质量和水平又取决于老师队伍的结构和质量。当前各高校都在创建“双一流”大学，即建设世界一流学科和一流学校，而决定“双一流”建设的，不是学校的规模和硬件设施，而是师资队伍，要建设一流的学科和一流的高校，首先要有一流的师资结构和质量。当下地方本科院校不仅缺乏顶级的学科带头人，更缺乏优良的师资结构。一是过于明显的学缘、地缘结构导致教师队伍“近亲繁殖”，教学科研的视野、思路、方法高度趋同，不能在不同观点和理念的碰撞中产生创新的火花和灵感，使学科建设难以突破陈旧的范式取得质的发展，也使课堂教学难以呈现新的视点和新的洞见。二是教师专业与学科的不匹配影响教师主动性和创造性的发挥，部分教师在学校学科专业拓展中被调整到新的学科专业从事教学科研，既缺乏扎实的专业功底，又难以产生内生的兴趣和动力，大都抱着应付的态度来对待本职工作，无论教学还是科研，都很难期待他们在学科建设上有新的建树。三是年龄、学历结构的趋同性严重影响老师专业能力的成长。缺乏领军人物的传帮带，年轻教师只能通过自己不断的摸索来实现自我提高，不仅成长速度相对缓慢，而且容易误入歧途，事倍功半。更严重的是，由于年龄和学历的接近，教师之间在争取外出进修、访学、培训等难得的专业发展机会时必然产生激烈的竞争，相当一部分教师长期束缚在三尺讲台，无法通过学习培训更新知识储备，提升教学和科研水平。人生最有激情最容易出成果的 25 岁至 45 岁的黄金时段，大都在忙碌的常规教学中溜过去了。这对教师的自我发展是损失，对学校的学科建设也是重大损失。

2. 教师队伍结构影响育人质量，制约供给效能。自从国家层面提出进入经济新常态、推进经济供给侧结构性改革的方略之后，高校作为经济供给侧的重要主体，也面临着提高供给质量、优化供给结构的巨大压力。长期以来高校人才培养和社会供给都带有强烈的计划经济的色彩，不注重社会对人才和科研成果的实际需求，导致高校提供的社会供给与社会实际需求严重脱节。一方面产业升级、文化发展所需要的人才和技术高校无法提供有效供给，另一方面高校学生又一直面临就业难、就业质量不高的困境，供需错位和供给过剩的现象揭示出高校人才培养方面存在明显的短板和“软肋”，也呼唤高校加快学科结构调整和专业能力建设的步伐。地方本科院校早已开启了转型发展的序幕，在很大程度上转型发展和提供有效供给方向一致，内涵相近，都需要在完善人才培养体系、调整学科和专业结构上有新的作为。反观当下地方本科院校的现状，在培养专业人才、优化专业结构上常常陷入“心有余而力不足”的尴尬局面，师资结构的缺陷制约着人才培养和专业调整的进程。从人才培养质量的角度来看，教师学历结构的单一性决定了学生能力的单面性。地方本科院校的教师普遍缺少经济社会发展一线的经历，他们培养不出社会需要的具有较强实践动手能力的学生；教师专业知识的单一性决定了学生知识构成的单面性，对专业之外或跨专业的知识所知甚少，甚至在人文素养方面缺少必要的修炼，这就限定了他们综合素质的形成，最终削弱了他们的社会适应能力和自我发展能力。要提高人才培养质量，归根结底要落到优化师资结构上。从学科建设和专业设置的角度看，地方本科院校要顺应经济发展新常态，满足社会和市场对人才和科技的需求，必须增强学科和专业设置与产业升级和文化建设的契合度，不断淘汰过剩的专业和学科，增设和做优社会需要的学科专业。这种结构调整最终依赖教师队伍结构的优化调整。地方本科院校要根据学科的专业布局，打破原有的师资结构，按照专业发展需要配置教师资源，将适切社会需求专业的教师配足配强，转岗和消化好过剩专业的教师，以良好的师资结构保障学科与专业结构的优化调整。

3. 教师队伍结构影响教师职业幸福感和成就感。良好的结构能够让每一个个体在结构内找到合适的位置，发挥应有的作用，获得相应的收益和幸福；而失衡的结构会导致人力资源的浪费和工作效率的低下。在地方本科院校现行的师资结构中，普遍存在因结构失衡导致的教师苦乐不均、丰歉不匀的现象，对部分教师的工作积极性和幸福感造成负面影响。有的专业教师人满为患，每学期的课时量严重不足，按照“兼顾效率”的分配原则，一部分老师不仅领不到奖励性绩效工资，而且因达不到平均课时量，其基础性绩效工资也要打折扣，与课时量充裕的教师形成明显的收入差距。对他们来说，不是他们自己不想上课，也不是上不好课，而是学校没有安排足够的课给他们上，他们始终找不到传说中的“获得感”，职业幸福感更加无从谈起。另一部分专业教师奇缺，很多教师一个人上三至四门专业课，虽然到年终结算时奖励性绩效拿得比较多，内心并无幸福感可言。在他们看来，每天在备课、上课和批改作业中疲于奔命，充满职业倦怠感，一个老师从事多个专业课程的教学，新备一个专业的课要花去大量的时间和精力，其劳动强度远远大于增加几个课时。同时把大量的时间和精力花在教学上，使他们顾不上做课题搞科研，影响职务晋升和能力提升。所以在师资结构失衡的条件下很少有老师能够找到自己满意的职业定位和发展空间，这种自我认知又反过来影响教师主动性和创造性的发挥，最终影响学科和专业建设以及学校的持续发展。改善师资队伍结构不仅是加强教师队伍建设之重点，也是推进学校转型发展之难点。

二、改善师资结构的主要目标

什么样的师资结构才是科学合理的结构？应当说很难确定一个统一的标准。不同层次和类型的学校的师资结构都会有所不同，综合型大学的师资结构与专业型大学的不尽相同，学术研究型高校与应用型高校的师资结构也会有所不同。单就地方本科院校而言，从学校的办学宗旨和办学方向出发，遵循高等教育办学规律和人才成长规律，应当可以归纳出几个大致的师资结构特点和要求。

1. 优化年龄结构，形成梯次、递进和充满活力的师资队伍。年龄结构是教师队伍结构的基石，其他结构都与年龄结构有密切关系，教师队伍的年龄结构科学合理，就能够为其他结构的优化奠定好的基础。从国外高校的教师队伍看，“理想的教师年龄结构应该是30

岁以下的比例小于20%，30～50岁的比例在60%左右，50岁以上的比例在20%左右”。① 考虑到地方本科院校在专升本时引进大批年青教师这一事实，优化教师队伍年龄结构应当将重点放在引进中年骨干教师上。每年在制定教师招聘计划时，科学分析本校的师资年龄特点，适当控制30岁以下教师的数量，通过优惠政策招揽一批40至45岁的中年优秀人才，以更优厚的待遇引进少数50岁以上的高层次学科领军人物。这样的老中青相结合的年龄结构有利于构建领军人物挂帅、中年学者担纲、青年教师参与的教学科研团队，不仅可以充分发挥“传帮带”的师徒效应，让青年教师尽快成长，而且能够将年长学者的智慧、中年学者的成熟和青年教师的活跃有机结合，达到取长补短、相得益彰之效果，更为重要的是能够保证本校的优势学科和重点专业薪火相传、后继有人。对现有青年教师比例过大的问题也要通过综合措施认真加以解决，如推送他们继续进行学历深造，或选送去国内外名校访学，或推荐到当地党委政府部门交流任职和担任科技特派员，还可以根据青年教师个人的专长和特点，鼓励一部分青年教师以教学为主，一部分以科研为主。这些举措不仅可以有效化解青年教师群体过大的矛盾，同时也为学校未来发展涵养后劲。

2. 优化学历结构，形成良性互动、稳定和谐的师资队伍。学历在一定程度上代表教师的专业素养，是评价一所高校教师队伍总体质量的重要指标。地方本科院校教师的学历结构存在明显失衡，主要是学士、硕士和博士的比例严重失调。据调查，大多数地方本科院校的教师队伍，具有博士学历的教师占比为10%左右，本科学历占比在10%以下，而硕士学历教师占比达80%以上。师资队伍的学

① 翁伟斌：《国外高校管理改革的若干趋势》，载《江苏高教》，1999年第3期。

历结构不是合理的椭圆形，而是中间部分过于膨胀，几成圆形了。这种学历结构对学校和教师个人的发展十分不利。一是不利于教师的专业晋升。很多硕士学历的教师在参评中级职称时矛盾并不显得尖锐，到参评副高职称时，因为上级文件规定的职称数额是逐级递减的，越往高处职数越少，众多有中级职称的教师去竞争为数不多的副高职称，有相当一部分教师连续参评几年都未能晋级，不仅年龄由青年步入中年甚至老年，而且还面临年轻后学弯道超车、抢占稀有的副高职称的危机。二是不利于教师稳定和教学安排。很多怀揣硕士学位考进地方本科院校的教师到学校任教后，都会想方设法去攻读博士学位，有的教学学院教师总数不足百人，而在外读博的教师人数达十几人，导致一线教学师资严重不足，影响教学质量。而且有相当一部分教师以读博为平台，孔雀东南飞，寻找更好的高枝，博士学位一到手，便跳到待遇更好的高校去了。据地方部分本科院校的数计，在读博士毕业后返回学校工作的只占三成左右。这对学校优秀人才的稳定是一个很严峻的挑战。对地方本科院校来说，应对这种挑战的关键在于解构现有的教师队伍学历构成，真正将圆形结构打造成椭圆形结构，大力引进一批具有博士学历的教师，使博士教师达到专任教师总数的30%左右，硕士学历教师占65%左右。以学历结构的优化来为教师职称晋级和稳定人才、调动教师教学科研的积极性提供有效保障。

3. 优化经历结构，形成功能完善、能力互补的师资队伍。教师的经历往往与其能力水平密切相关，优化教师的经历结构就是优化教师的能力结构。地方本科院校必须在较短的时期内解决教师学术经历有余实践经历不足的问题，以适应学校转型发展和培养应用型人才的需要。从教师队伍进口和培训两个环节着力，有计划地引进一批具有丰富经济社会一线工作经验的专业人才充实到教师队伍中来，引导和鼓励一些年轻教师到企业和行业进修学习、挂职锻炼，丰富他们的实际阅历和动手能力。同时秉承不求所有但求所用的原则，根据人才培养和专业发展需要，聘请企业、行业和政府机关资深的专家和管理者作为学校的兼职教师。力争通过三五年的努力，实现“双师型”教师占专任教师比例30%的基本目标，然后再根据学校发展的实际需要，逐年提升“双师型”教师的占比，确保教师的经历结构与地方本科院校人才培养的要求相适应。

4. 优化职称结构，形成衔接有序、晋级有望的师资队伍。在高校，职称关乎每个教师的社会荣誉和经济待遇，是教师群体最关注最看重的事情。在现行体制下，一所高校各个层级的职称数量又是依据学校教师总量和学校办学档次作了明确规定的，优化教师的职称结构，学校的作为受到多方面的制约。对地方本科院校来说，自我调控的空间微乎其微，就像在“螺蛳壳里做道场”，很难施展拳脚。然而职称又是学校最重要的资源，对引导学科建设、专业发展和调动教师教学科研积极性具有不可替代的作用。因此做好优化职称结构这篇文章，是各个高校特别是职称资源比较稀缺的地方本科院校必须交出的答卷。一是科学确定各类职称的占比。教学是高校的主体职能，在职称的分配上必须将主要职数分配给教师序列，各级职称中教师序列所占比重不能低于80%，特别是正高职称教师序列应当占到85%以上。只有这样才能真正引导和鼓励教师在教学一线建功立业。二是合理建构各个层级的职称结构，确保每个层次的职称数量留有余地，使每个层级的教师都能够看到晋级的希望。在招聘教师和引进高层次人才时，应当充分考虑学校现有的职称结构，对已经趋于饱和的职称层级，可以不引进或少引进相同层级的教师和人才，以免造成教师职称晋升的“肠梗阻”，影响在校教师的积极性。特别是对高职称人才的引进，一定要以引进学科带头人为主，不能为达到数量目标而引进。三是严格职称晋级条件，不宜随意降低晋级门槛。一些地方本科院校在升本之初为了凑足某个层级的教师数量，有意放宽晋级条件，使一部分教学和科研水平并没有达标的教师获得了希冀的职称，几年之后，这个层次的职称数量已经饱和，很多有水平有成果的教师迟迟得不到晋升，因而萌生了调离的愿望，从而导致优秀人才大量流失。越是珍稀的资源越要用到要害处，任何有意或无意的浪费都会给学校教师队伍建设造成损害。

5. 优化专业结构，形成特色鲜明、适应需求的师资队伍。建立一支专业能力结构与经济社会发展需求高度契合的师资队伍，是地方本科院校教师队伍建设最艰难的任务。一方面，社会产业升级和技术创造对专业人才的需求变化是比较快的，另一方面学校教师专业能力的培养和调整是比较慢的，快与慢的错位很容易使学校教师的专业结构落后于产业发展的需求，进而使地方本科院校的学科专业设置滞后于社会需求的变化。教师队伍的专业结构在很大程度上决定学校学科专业的结构，而学校学科专业结构又决定学校能否为社会提供优质适切的供给。“通过专业强化学校办学特色定位和根据学校特色定位进行专业增设，是发展学校的最根本的做法”。① 所以在一定程度上可以说，教师专业结构决定地方本科院校的前途和命运。首先学校应当根据经济社会发展变化的趋势确定学校重点建设的学科和专业，科学制定学科专业建设规划，其中既包括兴建新的紧贴社会需求的专业，也包括做优学校部分有发展前景的老学科和专业，淘汰一些过时的没有市场前景的劣势专业。学科和专业建设应当突出地方性和特色。其次着眼于学科专业建设制定专业教师队伍发展规划，集中学校主要资源引进和培养专业建设急需的专业教

① 张继平：《高校管理：服务于经济发展的优化》，载《前沿》，2009 年第 6 期。

师，以优质的专业教师保证一流的学科专业建设，同时分流消化过剩专业的教师。第三就是建立常态的教师专业结构调适机制，鼓励教师知识结构多元化，专业能力多元化，使教师队伍专业结构保持动态的合理性。

6. 优化学缘、地缘结构，形成五湖四海、兼收并蓄的师资队伍。防止因地缘、学缘关系导致经济利益和学术权益的固化，形成开放包容的师资队伍结构，对地方本科院校的内涵发展具有十分重要的意义。从现实情况看，高校之间人才竞争较21世纪之初有所缓和，高校对人才的需求也由量的扩张渐渐转为质的提升。地方本科院校应当改变升本之后那种借助学缘和地缘关系招聘人才的方式，用更加开阔的视野和更加开放的措施去引进人才，在人才招聘时坚持唯才是举原则，不以地缘、学缘论亲疏，特别要注重录用综合性名牌大学毕业的研究生和博士生；在人才使用时坚持量才录用，以真才实学论优劣、定奖励。对在招聘工作和日常管理中以学缘、地缘关系损害公平公正的人和事应当严肃处理，以儆效尤。随着高校办学国际化步伐的加快，地方本科院校应当加大外籍优秀教师的引进力度，真正突破教师队伍的地缘、学缘关系，形成“五湖四海”的教师队伍结构，使地方本科院校成为各种学术流派、学术观点、科研思维、教学方法相互碰撞、相互探讨、相互融合的重要平台。

三、改善师资结构的主要思路

改善教师队伍结构是地方本科院校重要而紧迫的任务，也是艰巨而复杂的系统工程。每出台一项相关政策，每采取一项调整措施，都会关涉到教师的切身利益，都有可能招致方方面面的质疑和阻力。所以推进教师队伍结构改善，必须统筹兼顾，科学决策，明确思路，统一思想，形成合力，务求实效。

1. 坚持以学科专业建设为核心。师资结构调整必须以学科专业为依托，紧紧围绕专业建设来展开。脱离学科和专业建设来调整师资队伍结构，就会失去着力点和实际归宿，必然成为无源之水，无本之木。学科和专业建设是调整师资结构的主要依据，也是检验师资结构调整是否到位，效果是否明显的唯一标准。师资结构调整必须始终适应和满足学科专业结构调整的需要。基于此，地方本科院校在调整师资结构的过程中，应当建立健全三个重要机制。一是敏捷的社会需求反应机制。突破传统的专业和课程设置闭环，建立面向社会需求的反应敏捷的调适机制，对高校课程设置和专业调整至关重要。高校应当组建专业团队对国家重大产业特别是新兴产业的形成与发展情况进行系统分析，加强对区域经济发展方向的研究，积极参与地方经济和文化建设，把握国家产业布局和发展趋势以及区域经济特点，并以此作为学校专业和课程调整的现实依据。“在目前的高校专业设置中，应从对社会经济发展情况的考察，信息的搜集、汇总、研究，大的行业背景基本状况的分解，到确定专业设置意向后对具体用人单位调研的行业背景的专业化透视，再到根据对从业人员能力的分解、专业课程设置的完成，专业设置的每一步都应该与行业背景发生密不可分的联系”。[①] 只有深度融入国家和地方的经济文化建设，地方本科院校才能科学合理地确定学科和专业布局，进而引领学校教师队伍结构的调整。二是有效的专业创新机制。地方本科院校要实现为地方经济社会服务的职能，在专业建设上应当具备较强的社会适应和创新能力。对新兴产业和新的人才需求导向不仅要有敏捷的认知和把握能力，还要有快速的行动力，或率先组建新兴的专业，或以原有优势专业为基础加以改造和创新。谁能

① 张继平：《高校管理：服务于经济发展的优化》，载《前沿》，2009 年第 6 期。

在时间上领先，谁就抢占了专业建设的先机或制高点。这种行动上的敏捷既需要有一支高素质的适应能力超强的教师队伍做保障，同时也能够进一步促进教师队伍结构的优化。三是强力的专业引领机制。地方本科院校在专业建设上不能满足于被动适应经济社会发展的需要，而应当通过技术集成和科技创新用先进的专业建设引领产业革命和文化发展。“大学与社会的关系应该是引领与被引领的关系，即大学应该定位于社会前列”。① 被动适应不能体现高校的存在价值，只有主动引领才能真正发挥高校人才密集和科技聚集的资源优势。如果地方本科院校只是被动迎合社会需求来调整专业结构，专业建设永远都无法真正与社会需求同步从而实现高度契合，而且师资队伍结构也会在被动适应的过程中出现疲惫和麻木。只有变被动为主动，地方本科院校才能聚精会神来抓优势学科和特色专业的建设，才能使师资结构保持相对稳定，使广大教师的聪明才智得到充分发挥。

2. 坚持以教育发展规律为遵循。优化教师队伍结构必须严格遵循高等教育发展规律，既不能照搬照抄其他行业和部门的做法，也不能搞长官意志和轻率决策。第一，坚持眼前与长远相结合。调整和优化教师队伍结构，一方面要着眼当前，按照问题导向思维，解决好教师队伍结构失衡、效率低下的问题，特别要破解好学校教师资源不足和浪费严重、“产能过剩”和有效供给不足同时存在的矛盾，以优良的师资结构来提升育人质量和办学效益。另一方面又要放眼长远，把握经济社会发展趋势和变化规律，把握高等教育的发展方向和内在规律，让思想观念紧跟时代发展的步伐，用前瞻性思维来谋划专业布局和师资结构，防止结构调整大起大落，劳民伤财。

---

① 李玉华：《我为高等教育供给侧改革研究》，载《教育探索》，2016 年第 5 期。

第二，坚持坚守与应变相结合。师资结构调整应当坚守高等教育的话语体系，用符合高等教育规律和高知识群体特点的思维和方法来推进，不宜完全套用市场经济的方法和物质刺激的手段来推进师资结构调整；应当坚守本校的办学特色，以学科特点和专业特色为基础，打造独具特色的师资队伍结构，不宜东施效颦，丧失本色，导致师资结构大众化和同质化。与此同时，又要用开放和开明的心态谋划师资结构，善于和勇于吸纳新的资源，吸收新的理念，吸取新的经验，因势而变，顺势而为，使师资队伍结构与时俱进，充满活力。第三，坚持实际与创新相结合。实事求是、从实际出发是马克思主义的思想路线，也是优化地方本科院校师资结构的基本方法。一方面打造优良的师资队伍结构，要立足于学校的实际，包括办学条件和教师队伍实际情况，循序渐进，协调推进，切忌贪大求全，好高骛远，急躁冒进。另一方面又要大胆创新，在路径上、方式、方法上独辟蹊径，根据不同的情况、不同的对象和不同的问题采取不同的方法和措施，因时施策，因事施策，切忌食古不化，简单粗放。

3. 坚持以动态化管理为手段。师资队伍结构的优化调整，实质上就是打破原有的固化结构，突破原有体制机制的藩篱，清除一评定终身的陈规，构建充满活力的动态师资结构，让各种要素自由流动，各类资源活力迸发。没有管理上的创新做保障，师资结构调整只能是一个美丽的“童话”。一是职称能上能下。长期以来，高校教师的职称都是“单行道”，只能上不能下，职称是每一个教师最大的追求，也是最好的保障。很多教师开展教学只为攒够课时量，申报课题撰写论文只为迈进职称晋升的门槛。一旦目标达到，便偃旗息鼓，不思进取。有职称这个“丹书铁券”的保护，他们能完成本职工作已属难能可贵，至于寄希望于他们关注科技前沿，更新专业知识，拓展专业领域，提升专业能力，那无异于缘木求鱼。只有开通职务既能上也能下的路径，根据考核教学业绩和科研成果，对无所作为的教师实行高职低聘，才能激活他们的内在动力和内在潜力，也才有可能在师资结构调整中具有更大的适应性。二是职务能升能降。由于官本位思想的影响和地方本科院校行政权力高于学术权力的现实，很多教师通过各种途径从教学岗位转到行政管理岗位，并行使相应的管理职能，甚至一些功成名就的教授也放弃学术研究跻身于行政管理行列。实际上，即使在高校这种行政色彩相对淡一些的单位，也一直保存着职务能升不能降的传统，导致行政职务也成了安稳的“避风港”，成为很多教师向往的栖身之所，在这里既能掌握一定的资源，又能避免学术科研的竞争压力。一些学术能力较强而管理能力不足的教师也想方设法往行政岗位转，结果使原本不多的老师资源被浪费，行政管理效能又受到影响。加强对行政管理人员的目标管理考核，对不能胜任本职工作的管理者实行降职处理，让行政管理岗位也经受风评和考核的检验，使行政职务不再成为人人向往的“避风港”。如此便能较大程度地提高管理效率，减少行政人员，让一些优秀教师重新回到教学一线，提高地方本科院校教书育人的整体水平。三是岗位能少能多。总体上教师资源的相对稀缺是优化师资结构的最大制约，这种稀缺既表现为地方本科院校在人才引进时选择度不高，一些急需人才资源稀缺，难以引进；也表现为受人事编制限制，校内的专业教师数量不足，师生比偏大，加之学校面面俱到的管理系统占用了较多的事业编制，在一定程度上加重了专业老师总量不足的程度。在这样一个大背景下，要根据学科专业建设的需要来优化师资结构，无疑是一项难度极大的工作。要实现师资结构优化的目标，最有效的方法就是提高能力复合型老师的比重，让大多数教师具备一专多能的素质，既能在某个岗位做出骄人的业绩，又能胜任有一定关联性的其他岗位的工作。只有这样才能在地方本科院校去掉落后“产能”、培育新兴专业的过程中得到及时有效的师资保障。学校一方面应当引导和鼓励教师关注产业发展和科技前沿动态，突破学科和专业壁垒，加强相关领域的课题研究和技术攻关。另一方面要加强教师的培养培训，根据学校发展规划和专业建设重点，提前安排教师进行新知识、新技术和新能力的培训。对专业调整之后的富余师资，也要通过进修培训，找到并胜任新的工作岗位。

4. 坚持以服务促优化为原则。优化师资队伍结构，既要有科学求实的精神，更要有服务至上的理念。过分强调行政推动力和制度约束力，而忽略高校自身的特点，放弃服务师生的基本宗旨，是无法实现优化教师队伍结构目标的。“高校作为大型或巨型知识型组织，其文化特质、成员素质、民主诉求度与自我领导能力等特点决定了组织的发展必然更多地依靠师生焕发的积极性和创造性，管理过程的顺畅高效更多地依赖于师生的主动精神和自我约束、激励状态。”① 以提供优质服务为手段，激发教师的主动性和创造性，是优化师资队伍结构的最佳路径。一是寓服务于以人为本之中。确立以人为本的思想，是开展优质服务的逻辑起点，一个以物为本或视人为物的管理者是不可能产生服务意识的。在优化师资结构过程中，必须突破把人与财、物并列起来作为管理对象的传统思维，突出人的主体性和主体地位，“把尊重人、关心人、依靠人、理解人、凝聚人、发展人、谋求人的全面自由发展作为组织管理的主要追求和目标，充分调动人的积极性，发挥人的主观能动性，增强群体的信任

① 赵国祥、冯平：《论高校管理的异化与超越》，载《河南社会科学》，2010 年第 3 期。

感和凝聚力”。[①] 优化师资结构，让教师在各个岗位上都能有所建树，必须激发和保护好教师内在的主动性和创造性，否则师资结构调整只能成为一种摆设。把教师作为学校学科专业建设和优化师资结构的主体，竭诚为他们服务，是激发和保护他们主动性与创造性的唯一途径。二是寓服务于思想政治工作之中。优化师资结构必然影响一部分教师的切身利益，导致一部分教师对个人事业的发展定位做出新的调整。我们既不能要求每一位教师都有很高的思想境界和大局意识，也不能一味运用行政权力和制度规定强迫他们绝对服从，而是要通过耐心细致的思想政治工作和周到细微的服务赢得他们的信任，用学校未来发展的愿景培育共同的价值取向，用独特的校园文化情结达成群体意识，使每一位教师都对学校的学科专业建设和师资结构调整发自内心地认可和支持，形成强大的工作合力。三寓服务于民主决策之中。无论是优化学历结构还是职称结构，抑或是打破学缘、地缘结构，每一项政策措施的出台，都要尊重和保护教师的知情权、参与权和决策权，坚持人格平等、相互尊重，通过平等对话、沟通交流，达到集思广益、科学决策的目的。教师参与决策，并不只是起着提建议、谋良策的作用，更重要的是统一认识、达成共识、推动落实。如果仅仅把教师当成执行学校政策规定的工具，再好的决策都难以落到实处，实现预期效果。四是寓服务于竭诚为教师排忧解难之中。受办学条件和经济实力的制约，地方本科院校相当一部分教师的工作和生活都存在一些不尽如人意之处，师资结构调整还会给一部分教师增加新的困难和困惑。如果我们只两眼盯住前方的目标，而不顾后面留给教师的困难和问题，这样的

① 郑茂雄：《从制度到文化：高校管理制度化的反思》，载《现代教育管理》，2010 年第 10 期。

进步是走不了多远的。只有“瞻前顾后”、协同推进，才能获得成功。所以对师资结构调整过程中出现的矛盾和问题，特别是教师遇到的困难，应当高度重视，及时主动为他们排忧解难。对那些剩余专业的老师，对那些专业转换有困难的老师，对那些因能力或业绩不能胜任本职工作而受到降级降职的老师或管理人员，要因人而异，有的放矢，采取不同的方法措施，帮助他们卸掉包袱，提供新的创业机会和事业平台，以和谐安定的干事环境保障师资结构调整工作的顺利进行。

第六章

做好人才文章

高校是培养人才的场所，培养人才的前提条件就是高校自身必须拥有一大批优秀人才，只有人才才能培养人才，做好人才工作是重中之重。这就要求地方本科院校要在寻觅、发现、举荐和使用人才方面下功夫，做好人才工作这篇大文章。教师是地方本科院校人才的主体，在很大程度上可以说，抓人才工作就是抓教师队伍建设，抓教师队伍建设必须抓好人才工作。只有在思想上把老师当作人才而不是普通劳动者来看待，在宏观上把尊重人才、爱惜人才、用好人才作为学校发展战略来部署，在行动上把引进、培养和提升人才作为教师队伍建设的重要举措来落实，才能真正建设一支高素质的教师队伍。

一、多角度认识人才

关于人才重要性的论述已经十分充分。一部人类文明史实际上就是一部社会人才史，没有人才辈出就没有文明演进。寻找时代进步、社会发展、国家强盛抑或单位事业繁荣背后的根源，都离不开人才的重要作用。随着时代的发展和文明的进步，人才的重要性日益凸显。“第二次世界大战”之前，美国的综合国力并不比德国强，1944 年诺曼底登陆后，美国派重兵俘获了德国、意大利等国共 126

名世界顶尖的科学家。于是美国的科技实力迅速提升，据统计，“二战”前德国获诺贝尔奖的科学家是美国的三倍，半个世纪后，全世界科学领域获诺贝尔奖的40%是美国人，超过70%的诺贝尔奖得主被美国聘用，从而造就了美国在科技、军事、经济等领域的全球霸主地位。这个事例已然昭示，国力的竞争归根结底就是人才的竞争，人才是决定一个国家兴衰、一个单位荣枯、一项事业成败的关键因素。

具体到地方本科院校，作为人才汇聚、科技云集的地方，人才的数量和质量是考量过去、决定当前和影响未来的首要指标。进一步强化人才兴校意识，多角度认识人才的重要性，把人才工作作为学校头等重要的大事来抓，切实增强做好人才工作的主动性和自觉性，既是当务之急，更是长远之计。

1. 充分认识人才是学校创新发展的根本。与老牌大学相比，地方本科院校表面上的差距是人才培养质量和科研成果档次的差距，实际上是办学活力和竞争力的差距，本质上是创新能力上的差距。创新是释放高校发展活力、推动高校不断发展进步的原动力。地方本科院校要缩小与老牌大学的差距，必须坚持以创新求发展的方针不动摇。创新需要以人才为基础，马克思主义认为，人是社会生产力中最活跃的因素，人才又是其中的先进分子，是进行制度创新、机制创新和科技创新的主体。地方本科院校存在这样那样的办学条件不优、教育资源不足等方面的问题，如果重视人才队伍建设，将一大批优秀人才聚集在学校的旗帜下，那么其他问题都将不是问题，其他短板也将不成短板。有了人才，就能有效整合和充分利用其他资源，通过创新实现活力倍增、效益倍增。越是条件不优和水平不高的高校，越需要重视人才工作，注重发挥人才在教学科研和管理中的重要作用。

2. 充分认识人才是学校内涵发展的基石。在高等教育注重外延发展的时期，制约地方本科院校发展的主要因素是资金，有了资金就能扩建校舍，扩大学校规模，改善基础设施，提高职工待遇。因而很多高校都把注意力集中在争项目、争资金上。随着高校发展模式由外延扩展向内涵发展转轨，人才跃升为高校发展的第一资源。高校内涵发展的着力点不再是规模的大小，而是人才培养质量和科研能力水平的提升，为国家和社会输送高素质的人才、高品质的成果、高质量的服务。无论人才培养、科技创新还是服务社会，起决定作用的就是学校优秀人才群体，只有一流的人才才能建设一流的学科，只有一流的学科和专业才能培养一流的学生；也只有一流的人才才能创造一流的科研成果，为科技进步、产业升级和文化创新提供最有力的智力支撑。人才是地方本科院校转型发展的基点，内涵发展的基石。

3. 充分认识人才是地方本科院校后发赶超的持久动力。地方本科院校要在高等教育领域的激烈竞争中站稳脚跟，并逐步实现后发赶超的目标，需要奠定坚实的发展基础，这个基础不是其他任何东西，而是人才队伍的厚积薄发。一支结构优良、能力突出、配合默契的人才队伍，不仅能够较好地解决学校现有的困难和问题，而且能够以超前的视野和思维把握未来发展的趋势和先机，发现学校新的发展空间，确定学校发展的方向、路径、特色和重点，聚集学校独特的发展优势，率先在某个领域或专业取得重大突破，逐步奠定本校在全国高等教育中的重要地位。事业的发展和地位的提高，又能吸引更多的优秀人才，增强学校全体教职员工的自信心和创造力，最终把地方本科院校引上良性循环的发展轨道。

二、多标准评价人才

评价人才是认识人才的重要方式，也是用好人才的前提。

什么是人才？人才的评价标准有哪些？有无统一的衡量人才的标准？这些问题都是人才工作不可回避和必须明确回答的。地方本科院校只有立足本校实际，创新人才评价标准，多角度多标准评价人才，才能以独特的慧眼发现人才，以错位的需求吸引人才，真正做到识英雄于草莽，擢奇才于民间。如果总是以其他学校的人才视野为视野、人才标准为标准，地方本科院校只能永远在名校背后捡拾它们遗留的人才。笔者以为，地方本科院校评价人才要应当做到“五重”“五看”。

1. 重学历不唯学历，看实际能力和特色需要。高校作为教书育人和科学研究的高地，看重学历是应当的，无可厚非的，学历在很大程度上代表一个人的受教育程度和学术水平，大多数高学历的人才都有真才实学，具有较高的专业造诣。但什么事情一绝对化就会误入歧途。当下，评价一所高校办学水平的主要指标就是高学历人才占专任教师的比重，“申硕”也把具有博士学位教师的比例作为“入门”条件，“双一流”建设也把重点放在学历提升上，一时间具有博士头衔的毕业生成了各高校的“香饽饽”，不少博士生也自以为“奇货可居”而“待价以沽”。从可能性看，在这场旷日持久的学历人才争夺战中，地方本科院校无法占住制高点，既无吸引住人才眼球的优厚待遇，也无挑起人才兴趣的科研平台，唯一能做的就是站在人才战役的边缘“望才兴叹”，无法招揽众多的高学历人才。从必要性看，只有合适的才是最好的。地方本科院校在适当看重学历和“出身”的同时，应当将眼光放在人才的实用性和适应性上，重点评价人才的实际能力，着重评估人才特点与本校专业建设和特色发展的契合度，以标准的错位来拓展招揽人才的空间。同时在人才评价中不能过于迷信学历，在市场经济价值理念和官本位思想的侵蚀下，学历已无法保证其应有的“成色”。地方本科院校只有打破“学历”这个“紧箍咒”，才能焕发人才工作的新活力，开创人才工作新局面。

2. 重职称不唯职称，看教学业绩和科研影响。职称也是界定人才层次的重要尺度。从理论上看，职称是依据其本人的教学科研成果逐级评上去的，职称越高代表其教学能力越强，科研成果越多。所以在一般情况下，职称的等级可以反映一个人的实际学术能力。但生活的复杂性在于理论和实际并不是恒定的高度契合，从实际情况看，名不副实的情况绝非个别现象。在学术造假和“官谋学术”还没有完全根治的情况下，有少部分学术能力不强的人利用各种非学术影响力能够获取高级职称，这已是业界心知肚明的事情。而且一些头脑活络的人剑走偏锋，通过对一些冷、怪、偏领域的研究获得了相应的科研成果，以学术投机在高级职称序列中获得一席之位。更有一些人戴上教授帽子后，便安心享受高级职称的荣耀和待遇，不再潜心做学问，三五年不发表有分量的学术论文，在学术影响严重退化的同时，科研能力也严重退化。这样的人才引进来，只能增加学校高职称人才的数量，并不能提升学校的教学和科研整体水平，更无法引领新兴学科与专业的培育和成长。地方本科院校在引进高职称人才时，应当深度了解其实际研究能力，深入分析其科研成果产生的时间和价值，对其是否具有真才实学作出精准的评价，对有其名而无其实的所谓“人才”要舍得“割爱”。把引才的目光转向实已至而名未归的青年才俊，会更符合学校的发展目标和长远利益。

3. 重成果不唯成果，看成果层次和实用价值。以科研成果的档次和数量来评价人才是比较通行的做法。但科研成果有其自身的特性：从空间维度看，科学研究无疆界，因而科研成果也是无界域的，某界域的科研成果放到另一个界域其实际价值并不能得以体现。从时间维度看，有的成果其价值与作用需要若干年后才能显现，而有的成果一经产生就能对经济社会发展提供指导和促进作用，甚至转化为实际生产力。从地方本科院校的实际出发，既要看重人才的科研成果的档次和数量，以此推断其实际科研能力，同时也要从空间和时间维度对其成果加以分析，充分考虑其科研成果与本校服务对象和发展方向的适配性。科研成果空间上的错位和时间上的移位都是对科学的不尊重和对人才的不珍惜。对地方本科院校来说，并不是越高大上的科研成果就越好，而是越接地气、越有现实推广价值的科研成果就越好。评价科研成果价值高低的主要标准就是看其能否推动地方产业升级、管理升层、文化升位，以此为基准也就可推衍出最好的人才就是能够不断创造这类科研成果的人才这一结论。随着高等学校分工的日渐明晰，对科研成果和人才需求的层次也会日渐明晰，地方本科院校应当革除盲目推崇高层次尖端科研成果的通弊，本着务实的基本原则，确立自己的科研成果评价认定标准，明确人才和科研成果的需求层次，找准人才引进的空隙，才有可能开创人才事业两兴旺的良好局面。

4. 重门槛不唯门槛，看发展趋势和后续作为。每一所高校在招揽人才时都会设立一定的门槛，人才资源丰裕时，门槛会设得高一些，人才资源稀缺时，门槛会砍得低一些。设定相应的门槛在一定程度上能够保证人才引进的质量。地方本科院校在招聘优秀人才时，通常会把门槛设置得比较高，把他们之前的科研成果和其他荣誉作为是否符合引进的首要条件，成果越多档次越高就越想引进，待遇也越优越。其实，这种完全把过往的成果作为评价人才的尺度并不十分科学。一是攻读硕博期间的论文数量，与所学专业的期刊特别是核心期刊的数量有关，也与硕士、博士本人所研究的课题方向和人生规划有关。有的硕士、博士把学习阶段看作是“厚积”的阶段，并不在意发多少论文；一些对弟子要求严格的导师也不鼓励他们发表缺乏独立见解的文章，单单以发表论文数量的多少来衡量一个人才的能力，难免犯以偏概全之错误，把一些具有很大发展后劲的优秀人才拦在了高高的门槛之外。二是以前的成果只代表过往的成就，并不能决定今后的业绩。在实际工作中，有的带着众多耀眼的成果招进来的人才，进校之后反而有“江郎才尽”之嫌，多年出不了有价值有影响的科研成果。地方本科院校不宜把人才质量关口放在提高引进人才的门槛上，而应当放在对人才发展趋势、发展后劲、发展潜力的准确判断上，放在人才引进之后的目标管理和严格考核上，放在充分激发人才的内在潜力上。

5. 看专业不唯专业，看综合素养和创新能力。地方高校引进的人才绝大多数都是专业人才，专业人才是建设一流学科和精品专业的基础，所以看专业是否对口，专业涵养、专业能力是否突出，专业成果是否丰富，是考评人才最重要的指标。专业不对口，再优秀的人才引进来也是一种浪费，专业涵养不深的人才缺乏后劲，专业能力不强的人才无法承担教书育人的重任。站在地方本科院校的角度来考量，专业因素是评价人才最重要的指标，其他内容都是附着于专业因素之上的。即便如此，也不能完全以专业因素来代替其他因素，即使从专业的角度看，专业态度和专业精神在很大程度上比专业能力更重要，更值得引起高度重视。专业态度包含敬业意识和协作意识，专业精神就是工匠精神，包括专业境界和从事专业研究的出发点和落脚点。专业态度和专业精神与个人的品行修养密切相关，决定个人综合素质的高低和创新能力的强弱。一个具备良好专业态度的人才，能够以虔诚的态度对待专业，大胆开拓创新，敢于坚持真理、修正错误，善于和乐于团结协作、联合攻关，始终保持谦逊自省、恭敬诚实的学者之风。一个拥有良好专业精神的人才，祖国和人民常在心中，能够自觉把个人“小我”融入国家和民族之“大我”，其格局和眼界自是高远恢宏，既能够突破“小我”的局限，从国家和民族精神中获得源源不竭的动力，又能够充分释放“小我”的能量，以毅力和智慧为国家和集体提供源源不断的学术成果。在人才工作实践中，不少专业能力强的人才，因专业态度和专业精神方面的原因，不能正确处理个人与国家、集体的关系，也不能处理当前与长远的关系，其专业修为和成就并没有让人刮目相看，渐渐走向平庸；而另外一类人才，起初的专业水平并不是出乎类拔乎萃，只因始终拥有良好的专业精神和专业态度，到后来学术成就和人品格调都得到广泛的认同。总之，地方本科院校若能以独特精到的眼光、科学务实的标准来评价人才、发现人才，则完全有可能拓宽识人用人的渠道，实现学校的人才发展战略目标，甚至能够在激烈的人才竞争中“检漏”，发现和培养大师级的领军人才。

三、多方式建设人才

人才队伍建设是一项复杂的系统工程，内容丰富，方式多样，相互关联，相互制约。一般来讲，人才队伍建设重点包含三个方面的内容，即引进人才、稳定人才和提升人才。这三个方面相互影响，相互转化，相互平衡。从地方高校的人才工作实际分析，人才队伍建设应当创新思路，注重协调，因势而动，借势而为，以引进人才为重点，以稳定人才为前提，以提升人才为基础，在三管齐下、精准发力的同时，保持人才队伍建设的战略平衡，保证人才工作的持续和谐发展。

1. 创新人才引进方式。引进人才是走活人才工作这盘棋的关键。

在地方本科院校人才总量不足的情况下，优化人才队伍结构，强化人才队伍活力，首先是加大人才引进力度，以增量扩大总量，以增量激活存量，以增量提升质量。受多种因素制约，地方本科院校既不是教学科研的“高地”，因而无法成为汇聚人才的“洼地”，引进人才存在引进高层次人才难、人才引进容易稳定难等问题。要突破地方本科院校人才引进困局，必须更新理念，创新方式，走出一条有地方特色的人才引进之路。

一是变分散引进为集中引进。围绕重点学科建设，集中力量引进高层次优秀人才。由于经济实力有限，地方本科院校不可能在人才引进工作上“全面开花”，只能相对集中财力、物力重点引进本校重点学科建设急需的高级人才，通过高素质人才的集聚，做大做强几个重点学科和重点专业，形成具有比较优势的学科和专业“高地”。特别要把那些具有地方独特资源的学科和专业作为建设重点，花重金引进高端人才打造全国或全省的优势学科和专业。这一方面能够提高地方高校的知名度，另一方面这些学科和专业的“高地”将成为继续引进人才的“洼地”，最终形成建设一流学科和建设一流人才队伍的“基地”。如果重点不突出，经费不集中，不仅难以引进优秀人才，即使引进来了，也会因没有学科和专业优势为依托而留不下来。

二是变个别引进为团队引进。地方本科院校在人才引进上一直跳不出引得进留不住的“怪圈”，经费花了不少，效果并不明显。因为单个引进来的人才往往形成不了团队优势，也缺乏团队的约束，来来去去了无牵挂。为了跳出这个“怪圈”，应当改革人才引进方式，变个别引进为组团引进。先确定引进团队的领军人物，由他进行招贤纳士，组建志同道合的工作团队，成建制加以引进，学校与团队签订工作协议并明确相应的目标任务。一方面在经济待遇和科研经费上给人才团队以较大的倾斜，另一方面为他们提供必要的科研和实验条件。以这种方式引进的人才，是以事业和兴趣为纽带的，具有很强的集聚效应，不仅容易出成果，也容易以人才引进人才，因团队成员之间是以共同的事业为基础聚集起来的，人才队伍的稳定性也会有大幅度提高。

三是变务虚引进为务实引进。受建设学术型高校思维的影响，很多地方本科院校引进高层次人才比较注重“装饰性”而忽略实用性，要求每个学科都要有多少教授、博士等。这种务虚引进人才的行为往往影响人才队伍建设的质量。人才引进要立足于学校的内涵发展和学科建设，对一些特殊专业，不能纠结于学历学位，适当引进体育健将、音乐美术类专业人才，根据其专业水平和社会影响力提供相应待遇。同时对引进学校急需的高层次专业人才，可以不求所有只求所用，通过特聘教授或兼职教授等方式加以引进。

四是变低效引进为高效引进。在人才竞争日益激烈的形势下，地方高校要在人才引进上有所作为，必须在时效上下功夫。一要简化人才引进的程序。对原有的工作程序要重新审核论证，该取消的取消，该精简的精简，按照“学院办大学”的思想，让学院有更多的人才引进的选择权、初签权。学校层面的人才工作重点要由事前把关转移到事中和事后监督。二要明确各环节的审批时限。学校各相关单位应当牢固树立以人才引进为己任的意识，主动服务，勇于担责，确保在规定的时限内完成审批手续，因工作失误造成人才引进损失的要严肃问责。三要建立引进特殊人才和优秀人才的“绿色通道”，只要用人单位认准的特别优秀人才，可以“先上车后补票”，确定相应的试用期。对于教学科研方面有突出成绩和发展潜力的人才可以低职高聘，享受更高层次人才的待遇。

2. 落实人才稳定措施。人才队伍能否保持相对稳定，是考量地方本科院校人才工作的试金石和风向标。如果说引进人才可以靠出奇制胜取得成效的话，留住人才则需要实施全方位、综合性的措施。

一是以尊重稳定人才。地方本科院校无法改变人才竞争的大环境，只能努力营造尊重人才的小环境，让真正的人才在学校里得到领导的器重，同事的尊重，学生的敬重。“在我们的社会中，所有的人都需要或者希望对自己有一个稳定的、切实的、通常是高的评价，需要或者希望自重，并获得周围人的尊重”。① 满足人才对“尊重”的需求，是十分重要的稳定人才措施。一方面大力营造以人才为本的舆论环境，让尊重知识、尊重人才成为广大教职员工的共识。另一方面营造人人皆可成才的公平环境。尊重创造，鼓励创新，特别要注意发现和支持有潜力的年轻教师，为他们保驾护航。再一方面就是营造人才脱颖而出的竞争环境。建立和完善人才评价和奖励机制，做到评价人才看主流，奖励人才看实绩，任用人才看特长。引导和鼓励人才加强合作，形成在合作中竞争、在竞争中发展的良性循环。

二是以事业稳定人才。对很多事业心强的人才来说，发展平台比单纯的福利待遇更有吸引力。地方本科院校在经济实力上无法与老牌大学比，科研和创业条件也难成优势，但在转型发展中，通过融入当地经济社会主战场，总能找到地方本科院校独特的创业与发展平台。学校应当多措并举，挖掘有地方特色的科研和教学资源，积极申报和争取重大课题立项；加强与地方政府和企业行业的合作，通过“智库”建设、科技攻关、横向课题研究等方式为学校人才群体提供更多更好的发展平台和机遇。抓紧制定鼓励教职工和学生创新创业的办法，让有本领有技术的人才有创业的冲动和舞台。围绕

---

① 马斯洛：《动机与格》，许金声译，华夏出版社 1987 年 11 月版。

向应用型高校转型这个主题，鼓励和支持相关学院依法举办各类科技服务型经济实体，拓宽学校服务地方经济社会发展的渠道和方式。

三是以排忧稳定人才。很多学者型人才不擅长处理复杂的人际关系，也不愿意在这方面花过多的时间和精力。不少年轻老师常因一些小事让他们大伤脑筋而萌生去意。地方本科院校要真心诚意为人才排忧解难，使他们全身心投入到教学科研中去。通过与地方政府合作办学，在高校周边重点建设一两所高水平的小学、初中学校，有条件的地方本科院校还可以举办直属的义务教育学校，为青年教师子女就学创造良好条件。积极争取地方政府支持，加强学校周边的配套设施建设，改善教职工的出行、休闲和购物条件。切实关心和关注两地分居的教职工，出台相关的配偶照顾安置办法，逐步解决符合条件的教职工两地分居问题。

四是以服务稳定人才。第一要确立人才的主体地位，强化人才服务意识，完善人才服务机制，在服务中体现诚意，体现重视，体现关爱。第二要确立主动服务的意识，建立人才联系责任制，与各类人才交朋友，倾听他们的心声，了解他们的疾苦，主动帮助他们化解心结，解决实际困难。第三要确立精细服务的标准，解决个性化的问题要充分尊重个人意愿，确保每一次服务都精准、细致、贴心。第四要建立高效服务机制，明确服务时限，对事关人才工作和生活的问题要限时办结。“人非草木，孰能无情。”只要服务到位，绝大多数优秀人才都会在地方本科院校安心创业、大有作为的。

3. 做好人才提升工程。在科学技术日新月异的今天，每一个人才都需要经常充电，更新知识，提升能力。无论引进来的人才，还是学校本土人才，都应当纳入学校人才提升工程，有计划地进行培训。特别是学校本土人才，应当通过培养和培训等手段，缩小其与引进人才在专业能力和经济待遇上的差距。有些高校重引进轻培养，不仅人才能力得不到持续提升，而且让本土人才产生严重失落感，人为造成“儿子”与“女婿”的矛盾。其实，培养本校人才是地方本科院校人才队伍建设的重要内容。土生土长的人更具有水土相服、人脉相近的特点，一般情况下留得下、稳得住、干得好。将本土人才与引进的人才一视同仁、平等相待，同时为他们提供学习、锻炼和提升的平台与机会，对发挥人才作用、调动人才积极性至关重要。受历史条件的限制，地方本科院校自我培养人才的能力和条件都受到局限，必须走出一条以“借”为主的人才提升之路。

一是借花献佛。就是发挥名师这朵“学术之花”在人才培养中的传帮带作用，借名师的专业造诣、教研经验、创业平台和深厚人脉培养新人后进。名师既可以是本校的，也可以高薪从校外聘请院士、长江学者等大家来校兼职，建立学科名师工作室，打造合作团队，培养年轻教师。学校对名师工作室给予一定的经费支持，每年加以考核。完善学科带头人制度，充分发挥学科带头人的示范引导作用，对学科带头人不仅要考核教学科研业绩，还要考核培养新人后进的成效。对名师和学科带头人要实行动态管理，对多年无建树无成果的，要取消学科带头人的资格和待遇。学校引进的特聘教授和兼职教授，都要明确学科建设和培养后学的管理目标。

二是借船出海。人才之所以是人才，不单纯是其专业水平的精进，更关乎他的专业视野。地方本科院校受多种条件限制，人才的专业视野受到局限，科研思路相对简单。学校要借开放办学之“船”将那些基础好、潜力大、后劲足、品质优的人才送到国内外名牌大学访学交流和进修锻炼。与从外面引进高层次人才相比，送老师访学进修的费用还是比较低廉的，对办学经费不足的地方本科院校来说是人才队伍建设的可持续选择。支持和鼓励高层次人才参加国际性的高水平学术会议和学术考察。同时，结合学校转型发展，改革课程设置，减少课时总量，确保年轻教师有时间和精力去访学进修。完善教师进修培训访学计划，访学进修要讲究实效，既要强调专业对口，更要讲求所访学校的层次和影响力。加强教师进修培训访学的考核评价，将培训进修效果与绩效工资挂钩，与晋级和晋职挂钩。

三是借鸡下蛋。随着地方高校转型发展战略的推进，具有很强的专业实践指导能力和实际操作能力的教师，成为新的人才类型。学校在适当引进和聘请少数兼职教师的同时，把重点放在本校教师的培养上，着力打造一支与培养应用型人才相适应的“双师双能型”人才队伍。这类人才的培养需要走出校门，借企业行业这只金“鸡”来培养多能型人才这个金“蛋”。加强学校与地方政府、企业、行业的合作，围绕服务地方经济社会发展，借助地方企业、行业、机关单位，培养理论与实践兼修、科研与应用并重的新型人才。要建立切实有效、操作性强的制度机制，引导和鼓励中青年教师到企事业和机关单位挂职锻炼、顶岗实习，掌握一至两门与专业相关的实用技能。同时有计划地外聘行业、企业技术专家、能工巧匠到学校上专技课，打造校企互通、专兼一体的“双师双能型”人才团队，实现专兼职教师优势互补。将“双师双能型”教师队伍建设纳入教学学院目标任务考核，完善奖励办法，提高教师积极性。

四是借本生利。人才是发展之本，优秀人才是地方本科院校转型发展的“本钱”，这个“本钱”用得好就能产生“一本万利”的发展效益。一方面，应当把有限的经费用在人才培养和提升上，一些与教学科研无关的基础设施建设能缓则缓，能减则减，保证人才出国访学进修、企业挂职锻炼和其他培养培训的费用，保证人才开展社会调查和课题研究的必要经费。人才的能力提升了，高质量的成果丰富了，这之前的投入终将得到很高的回报。另一方面，应当把有限的经费用到点子上，发挥“四两拨千斤”的作用。集中奖励教学科研成绩突出的教师，加大奖励力度，通过拉开优秀教师和普通教师的收入差距，激活人才开拓进取、自强不息的内在动力。打破奖励额度与学历资历和职称挂钩的陈规，坚持把教学科研成果的价值作为确定奖励等级的依据，引导和激励人才把精力和智慧全部用在自我成长、教学创新和高水平科研成果的创造上来。

四、多方位用好人才

建设人才队伍的最终目的，就是使用人才，充分发挥人才的重要作用。从这个角度看，用好人才是人才队伍建设的落脚点，引进人才、稳定人才和提升人才最后都要归结到用好人才这个重要环节上。如果把前面的工作看作是生产环节的话，那么使用人才似乎是消费环节的事情了。其实不然，使用人才，用好人才，对人才队伍建设具有重大影响。人才用得好或不好，会迅速反馈到人才队伍建设的各个方面和各个环节，对人才队伍建设全局产生重大影响。所以使用人才也是人才队伍建设的关键环节，对人才的引进、稳定和成长具有重大导向作用。科学使用人才，保障每一位优秀人才都能人尽其才、才尽其用，并不是一件简单轻松的事情，需要从不同的方位筹划用好人才的路径和措施。

1. 重塑高校的学术氛围。严格意义上说，地方本科院校的人才绝大多数都是学术型人才，重塑高校崇尚学术的良好氛围，是尊重人才、用好人才的前提条件。长期以来，“在高校内部，行政权力泛化，学术权力弱化，民主管理更是难成气候，这直接导致了高等教育活动中的主体本末倒置，价值系统倒错”。① 在地方本科院校行政

① 金保华、刘晓洁：《高等教育供给侧结构性改革的理论逻辑与实践路径》，载《教育与经济》，2016 年第 6 期。

权力干预学术权力现象还十分普遍的情况下，学术研究缺乏生存的土壤和气候，学术型人才也难以获得大显身手的平台和机遇，要么向行政权力俯首称臣，要么在各种权力挤压的窘境中走向平庸。用好人才首先是营造有利于人才建功立业的好环境。地方本科院校应当从加快学校内部治理结构改革入手，加大制度创新力度，落实学术委员会的最高学术权力机构的地位，“落实学术管理在高校管理中的地位，关键要赋予学术管理机构对学术事务的决策权，让学术管理机构真正担当起学术管理事务的职责，改变目前学术管理机构只有审议权没有决定权的局面”,① 从而真正实现行政权力为学术权力服务的现代大学治理原则，保障学术自由，以此激励人才的创新、创造、创业。

2. 制定科学的激励政策。给予人才相应的激励，是用好人才的重要手段。在市场经济规则深入人心的当下，不能要求人才完全做到无私奉献，恰当精准的激励既能增强人才的荣誉感和成就感，又能让人才获得额外的物质收入，以不断改善工作和生活条件。由于忽视了人的心理需求、价值追求和思想观念的多样性，地方本科院校在人才激励的政策和手段上存在偏颇之处，不仅激励人才的目标没有充分实现，甚至还损害了人才的积极性和创造性。

从现实情况看，最常用的激励手段不外乎两大类，即物质激励和精神激励。当前，很多地方本科院校过于迷信物质奖励的作用，把“物质至上”的思想运用到人才工作中来，发表什么档次的论文，获批了什么层次的课题，获得了什么级别的奖励，都明码标价，据实奖赏。毋庸讳言，这种手段有其合理性和效果，特别是在教师经

① 李春玲、肖远军：《高校管理体制改革的现状与路径选择》，载《教育发展研究》，2010 年第 23 期。

济待遇并不丰裕的地方本科院校，物质激励具有其他方法不能替代的催人奋进的魔力。但这种方法也存在无法弥补的缺陷，长期浸润在物质追求的冲动中，容易导致大学精神的滑坡、信仰的缺失和理想的式微。美国管理学家汤姆斯·彼得认为："重赏会带来副作用，因为高额的奖金会使大家彼此封锁消息，影响工作的正常开展，整个社会风气就不会正。"① 无论从学术精神还是学术效果来看，过于注重物质激励都是一个错误的选择。应当"在制度创新中关注教师和学生的物质与精神的双向需求，特别是注重精神方面的激励措施来引导其行为"。② 关心教师职业发展，尊重和保护人才的合法权益，高度重视和满足人才的精神需求，在适度施以物质激励的同时，以精神的奖励来促成人才的精神升华，才是科学使用人才、激发人才潜能的最佳政策措施。

3. 尊重人才的个性特长。古人很早就有"用人如器"的说法，其意强调根据人才的特点来使用人才，确保各类人才人尽其才，才尽其用。虽然真正的人才都是可用之材，但如果用不到合适的位置，再优秀的人才也会变成庸才甚至废才。在使用人才时应当因人而异，因人制宜，确保每一个人才都适得其所，人才的专长特点与其岗位高度适配。一是因才施用。人才的种类丰富多彩，高等教育事业也需要丰富多彩的人才。地方本科院校要认真分析人才的特点和个性，用其所长，避其所短，既不能生搬硬套一刀切，更不能"乱点鸳鸯谱"，凭领导个人好恶使用人才，防止出现人才使用错位的现象。当前应当着力纠正把行政职务作为奖品奖给教学科研业绩突出的人才

① 宋亦芳：《转型中的区域成人高校教师激励方法探析》，载《中国成人教育》，2011 年第 23 期。

② 张安富、陈丝璐：《依法治校视角下高校管理问题的理性反思》，载《高等教育研究》，2015 年第 7 期。

的习惯做法。学术能力强的人才并不一定管理能力强，强行把他们安排到行政管理岗位上来，是对优秀人才资源和管理资源的双重浪费。二是量才录用。有的人才擅长科研，有的人才擅长教学，有的擅长交流协调，有的擅长扎实做事。地方本科院校既要根据各自的特点安排最合适的岗位，又要给各种类型的人才提供成长的空间和通道，擅长教学和擅长科研的人才在晋级晋职时应当机会均等、条件均等、结果均等。三是放手使用。要让人才充分发挥他们的聪明才智，为教学科研做贡献，就必须放手让他们大胆探索、大胆实践、大胆创新。凡是学术上的问题就尊重学术规则，允许发表不同意见，防止用行政手段进行干预和压制，防止人为设置学术禁区。对科研人才既要肯定他们的成功，更要宽容他们的失败，为他们攻坚克难撑腰壮胆、保驾护航。特别要为人才专心致志搞教学科研提供条件，削文山，填会海，控制不必要的检查评比，废除各种形式主义的活动和做派，保持大学的简约宁静，让各类人才有充分的时间，在宽松的氛围中从事教学科研。

第七章

构建新型师生关系

高校中最重要最基本的关系就是师生关系。良好的师生关系能够极大地激发教师的主动性和创造性，提升教师的事业成就感和职业幸福感，因此，改善师生关系也是加强教师队伍建设的重要路径。

一、构建新型师生关系的现实意义

不同的历史时期和不同的文化背景，会倡导和形成不同的师生关系。中国历史上基于专制制度的需要与影响，把“师道尊严”作为确立师生关系的基本准则，老师与学生的关系不仅是教育和被教育的关系，更是统治与被统治的关系。在西方教育史上，师生关系似乎没有如此等级森严，早在古希腊时代，亚里士多德就针对自己的老师柏拉图发出了“吾爱吾师，吾更爱真理”的呐喊。到启蒙运动时期，卢梭等思想家和教育家更是以顺应学生天性为由，反对一切外在的压制和束缚，师生关系就是一种平等的自由、合作、交流探讨的关系。到现当代，一些国家已然在法律层面上确立了师生关系中学生的主体和独立地位。这一方面反映师生关系在教育活动中的极端重要性，另一方面也表明任何师生关系都不能独立于政治与社会环境而存在，总是与时代脉搏同频共振、紧密相连的。

新的时代呼唤新型师生关系。在大力倡导社会主义核心价值观的当今时代，构建不同于传统专制制度条件下的中国特色的新型师生关系，具有十分重要和紧迫的现实意义。

1. 构建新型师生关系关乎人才培养。什么样的师生关系在很大程度上决定培养什么样的人才。在把创新作为社会发展主要动力的新时期，需要的是具有创新意识、创新精神和创新能力的人才，这也是时代赋予高校的神圣使命。在传统的统治与被统治的师生关系中，学生唯老师之命是从，没有独立的人格和意识，没有主动的探究和思考，不能质疑前人和老师的观念，不敢突破原有思想的禁锢，学生的创新意识都无法生成，更勿论创新能力的培育了。地方本科院校承载着为社会培养创新型、应用型人才的重任，只有将社会主义核心价值观引入新型师生关系建设中，确立民主、平等的师生关系，才有可能实现创新型人才的培养目标。“没有良好的师生关系，教育的最终目的和眼前目标都将落空”。① 在民主的师生关系中，学生的主体独立性能够得到保护和尊重，其个性和特长能够得到合理的张扬，教师不再成为他们兴趣爱好的压制者，而是启发者和引导者。教师不再强行把自己的观点灌输给他们，而是与他们一起讨论探究，让他们自主消化吸收。学生学到的是自己喜爱和理解的知识，发展的是自己的特长与个性，获得的是创新的喜悦和能力。在平等、民主的新型师生关系中培养出来的学生必然充满朝气，充满对生命个体的肯定、张扬和热爱，具有昂扬向上的精神和热情洋溢的韵致，以及勇于创新的豪情和锐气。这正是我们这个伟大的时代所需要的人才。

2. 构建新型师生关系关乎教师成长。虽然历来就有“教学相长”的说法，但在传统的师生关系中，权力和道义上的显著落差决

① 邓显波：《高校师生关系现状分析》，载《经济与社会发展》，2008 年第 8 期。

定了教学过程是一个单向输出的过程，学生只是一个被动地仰师鼻息的受教者。这种师生关系定位不仅助长和固化了老师的封闭与固执，也窒息了学生独立思考的意念和见解的生成，阻断了学生与老师正常交流的通道。老师无法获得任何从学生身上得到建议和启迪的可能，因而老师也就无法借助学生的力量来提升自己，“教学相长”只不过是一个没有实际内容的空洞概念而已。构建新型的师生关系，其主旨在于变单向灌输为双向交流，变强制传授为平等探讨，教师和学生在知识和能力的生成中成为互相授受的主体。“教师不再仅仅是授业者，在与学生的对话中，教师本身也得到教益，学生在被教的同时反过来也在教育教师，他们合作起来共同成长。”① 许多事例证明，学生特别是大学生的知识拥有量和思维成熟度并非教师想象的那般简单幼稚，学生思想之活跃、思维之敏锐常常胜过许多老师，在相互的交流讨论中学生往往能拓宽老师的视野，丰富老师的思维，提升老师的教学水平。如前几章所述，教师的自我提升和自我成长是教师履行立德树人职责的基本保障，而在众多教师自我提升和成长的路径中，以生为师是最便捷最有效的路径。学生是教师最主要的服务对象，是教师劳动成果最直接最主要的“消费者”，从他们那里得到的批评和建议应当最准确，最有价值。革除传统师生关系的流弊，真正构建“教学相长”的师生关系，是加强教师队伍建设的重要抓手。

3. 构建新型师生关系关乎学校发展。师生关系是高校一切关系的基础，良好的师生关系是维护学校正常秩序、构建和谐校园、凝聚发展合力的基本前提。分析地方本科院校存在的诸多矛盾和问题，都可以从师生关系中找到原因。苏霍姆林斯基说：“我坚信，常常以

① 冯川等译：《弗洛姆文集》，改革出版社 1991 年版。

教育上的巨大不幸和失败而告终的学校内许许多多的冲突，其根源都在于教师不善于与学生交流。”① 老师与学生缺乏基本的沟通交流，导致师生关系疏远、紧张，很多通过协商能够解决的问题很容易酿成师生之间的冲突，甚至引发群体性事件，严重影响学校大局稳定和办学声誉；很多重要的教学资源，会因为师生关系的疏离而难以有效发掘利用，影响学校教育质量和教学效益的提高。尤其是师生关系紧张疏离会影响学校共同价值观和校园文化的形成，强化封闭、保守和无所作为的落后意识，破坏教书育人的秩序和氛围，使学校深陷矛盾冲突之泥坑而难以自拔。

构建良好的师生关系，能够从根本上形成地方本科院校自我发展、自我完善和自我调谐的功能。学校整体的发展以每一个个体的发展为前提，良好的师生关系是实现每个个体正常发展的重要保障，扭曲的师生关系必然扭曲个体的人格成长。学校要实现运转有序、管理高效，需要每个成员都有成熟的自律和参与意识，良好的师生关系能增强学校每一个教职员工的归宿感和合作意识，扭曲的师生关系必然使一部分成员形成乖张和叛逆的意识，影响学校工作方针和管理措施的落实。学校要打造和谐文明校园，需要人与人之间，组织与组织之间有自我调谐、自我纠错的功能，防止小事情激化成大矛盾，而良好的师生关系是增强调谐纠错功能的基础，良好的师生关系既能减少矛盾的发生，更能将矛盾化解在萌芽状态，把问题解决在基层层面。构建新型师生关系，是解决地方本科院校各类问题的“纲”，抓住了这个纲，就抓住了主要矛盾，就能够把握高校工作的“牛鼻子”和主动权。

---

① 曹砚辉：《当前高校师生关系存在的问题及解决对策》，载《教育探索》，2012年第3期。

二、当前地方本科院校师生关系的现状与特点

从总体上说，当前地方本科院校的师生关系不如升本之前专科学校时期。那个时期社会诱惑没有眼下这样强大，互联网还没有这般发达，学校规模还没有这般庞大，专业设置也没有这般复杂，老师与学生的接触比较频繁，比较纯粹。现在，当年的那种师生关系已不复存在，受新的因素影响，师生关系越来越与大学的发展目标渐行渐远，很多专家和教育工作者对此表现出深深的担忧。归纳众多的表述，当前高校的师生关系呈现出以下三个主要特点：

1. 人际关系功利化。随着高校开放办学进程的加快，高校师生的价值观受市场经济的影响越来越深，功利主义不断渗透到师生交往上来，原本相对纯粹的师生关系打上了社会世俗的烙印。一是师生“交往”异化为“交易”，师生关系沦为互相利用的关系。“学生想从某个老师那里得到好处，就努力接近，老师觉得这个学生将来有用，便发展这种关系。很显然，在这种关系中没有责任和义务，只想从对方那里得到某种利益，是典型的‘社会交换型’”。① 有的老师从功利的角度来理解“因人施教”，根据学生的家庭背景和经济实力将学生分为三六九等，做到亲疏有别，教导有别。有的高校个别教师故意给学生试卷赋分59分，让其挂科，只因为该学生没有请客送礼。二是师生之间缺乏精神层面的交往。虽然当下也有部分老师和学生关系密切，甚至称兄道弟，但这种亲密并非建立在共同的远大抱负和精神追求上的亲密，而是烟朋酒友层面上的低俗的亲密，学业、理想和崇高的精神追求不再是师生共同讨论、互相激励的话题，而成为他们茶余酒后嘲讽的对象。在师生交往中，学生对教师

---

① 邓显波：《高校师生关系现状分析》，载《经济与社会发展》，2008年第8期。

没有了敬重感，老师对事业没有了神圣感。

2. 教学关系工具化。教学关系是师生关系的核心，是老师与学生最重要的交往关系。在正常情况下，教学过程是充满激情和创造的过程，是师生都感到愉悦的过程。现在很多高校的教学关系呈现出工具化特征，师生的教学关系仅仅被看作是为了完成教学任务而产生的交往关系。其具体表现为“三无”。一是无责任。教师与学生仅仅是作为教学过程的必要条件而存在，教师上课的目的只不过是为了完成教学工作量，学生听课只不过为了不被处罚。教师既不注重课堂纪律，也不注重教学效果，只期待下课铃早点响起来，一下课就夹着教案走了。学生既不关心教学内容，也不关心教学水平，一心低头看手机，下课铃一响便如遇特赦一般夺门而出。二是无激情。工具化的教学关系使教学成为一种冰冷的知识传授活动。“高校教师中多存在爱与激情缺失，许多人工作生活于无聊状态的情况。”“大量教师认为课堂教学枯燥而无从改良，学生基本处于麻木的接受状态，无效互动深深伤害着他们的心。”① 课堂上老师缺乏感染学生、打动学生和调动学生兴趣的激情，单调的词汇、平淡的语调、沉闷的课堂氛围使教学变成一种忍受而不是享受。学生对缺乏激情的课堂教学越来越失去兴趣，对上课越来越产生反感，这种反感又反过来影响老师的教学热情和教学效果。三是无互动。课堂教学需要调动师生双方的主动性，形成活跃的双向交流氛围，才有可能打破师生之间的壁垒，取得教学相长的效果。由于高校课堂教学改革的滞后，加之很多学生缺乏课堂探讨的主动性和能力，大多数课堂教学还沿袭着单向灌输的模式，一堂课从头尾都是教师“一言堂”。

---

① 赵国祥、冯平：《论高校管理的异化与超越》，载《河南社会科学》，2010 年第 3 期。

没有语言的互动就没有思想和情感的互增，原本可以通过课堂交流拉近师生距离、增进师生关系的，也因为“一言堂”的教学模式而失去作用。

3. 课外关系疏离化。课外交流对增进师生情感、帮助学生成长都具有重要意义，特别是对学生实施个性化的教育和引导，其作用强于常规的课堂教学。所以欧美国家都特别重视师生的课外接触，一般都在教室外面的走廊上设有舒适的座椅，供学生和教师在课余时间交流讨论。而在现阶段，很多地方本科院校师生课外交流越来越少，走出教室便互不相识的情况相当普遍，课堂之外师生关系疏离化趋势日益明显。“笔者了解到，除上课外，80%的学生课后与教师的接触为零”。① 这个简单的数据折射出师生关系冷漠的严重程度。问题不仅仅存在于交流次数的不多，还在于交流深度的不足，更在于交流质量的不高。教师与学生都缺乏主动交流的意愿，偶尔的交往中情感成分越来越少，互信程度越来越低，师生之间存在戒备和防范心理，不愿意袒露内心的真实想法，交流基本流于形式，成为“萍水相逢”或“露水”式的交流，既不能通过交流获得专业的提升，也无法通过交流疏导情绪、化解心结，促进人格和情感的成熟。这种浅层的交往无法拉近师生距离，往往是教育任务完成之际，就是师生交往结束之时，不用说毕业之后师生老死不相往来，一朝课程修完“今后便是陌路人”。以至于有人说：“最好的师生关系就是师生不存在关系。”②

应该说，师生关系的这种状况既有社会风气影响的原因，也有

① 雷伟：《高校师生关系中的问题及其成因分析》，载《教育探索》，2008 年第 10 期。

② 辛鹏：《论高校师生关系冲突问题及对策》，载《国家教育行政学院学报》，2012 年第 7 期。

学校管理方面的原因，还有教师个人师德修养方面的原因。无论何种原因，这种现象的存在本身表明，地方本科院校光彩熠熠的背后还有一些不容忽视的问题，师生关系的疏离淡化不仅仅是一般意义上的疏远，其本质是师生冲突的加剧。这种冲突既有显性的、激烈的表现形式，更多的是隐性的、消极的、于无声处的对立。师生之间的冲突对立，如果任其存在和发展，必然造成师生之间的信任危机、人才培养危机和学校发展危机。因此，绝不能对此掉以轻心，应当把改善师生关系、增进师生情感、加强师生互动作为地方本科院校的重头戏来抓。

三、改善地方本科院校师生关系的重点

改善师生关系，从一般意义上讲，需要双方同时发力，在共同目标的指引下，不断加深理解，增进交流，消除隔阂，消解误会，化解矛盾，任何一方持消极或不合作态度都不可能使关系得到真正改善。但在实际行动中，关系双方的责任和作用并不是完全对等的，责任有轻有重，作用有大有小。在师生关系中，受年龄、知识、权威和社会地位等因素的影响，改善师生关系的相对主动权掌握在教师手中，主要责任和突破口也在教师身上。因此，改善师生关系应当重点在教师身上着力，充分激发教师改善师生关系的积极性和责任感，以此感染和带动学生，形成师生双方改善关系的共同合力。就老师而言，要改善师生关系，必须真心诚意做到以下几点。

1. 尊重学生的主体地位。每个人都有被认可被尊重的心理需求，在交往中这种需求如果被满足，就会对对方产生良好的印象，因而为进一步加深交往、增进交流奠定基础。现在很多大学生都是独生子女，有的还是在单亲家庭中长大的，希望被尊重被认可的心理需求更加强烈。分析现阶段师生关系疏离的根源，重要一条就是老师

没有摆正学生的位置，没有发自内心地把学生当作教育的主体，因而对学生的地位、个性和爱好缺乏应有的尊重和包容，最终导致学生对教师“敬而远之”。每一个老师都应当时刻意识到：

第一，学生是独立的生命个体。我国地方本科院校的学生年龄一般都到了 20 岁左右，生理发育基本成熟，身体形态逐渐稳定，自我意识逐步加强，个性特征初现端倪。特别是信息技术的发达使他们对许多事物都有自己的见解，价值取向、情感态度和思维方式基本成型。同时他们对周围的人和事又保持相当的敏感，情绪情感波动很大，对外界施与的影响保持高度的警惕和戒备。教师在与学生交往的过程中，务必了解和掌握学生的这些特点，把他们当作成长过程中的生命个体来看待，理解和包容他们在某些方面的不成熟，尊重学生的个性独立，切忌将老师个人的思想观念和价值判断强加于学生，切忌用僵化统一的标准去评价学生，切忌武断地否定学生的独立见解和鲜明个性。老师应当以尊重体现诚意，以诚意取得信任，以信任实现教化。

第二，学生是学校的主体。这是现代大学教育的常识性概念。但受传统教育理念的影响，很多地方本科院校的教师并没有完全认同这一论断，因而在教学工作中时常颠倒学生的主体地位，自觉不自觉地把自己凌驾于学生之上。其实，学校的价值在于培养学生，学生是学校一切工作的出发点和落脚点，一切为了学生，为了学生的一切，为了一切的学生，这几句有点拗口的口号确实揭示了现代大学的基本价值取向，明确了学生在学校不可撼动的主体地位。学生是学校存在的意义所在，只有学生的成长，才有学校的进步；只有学生的成功，才有学校的荣耀。即使从营销的角度来解释，学生是学校主体的观点也是成立的：学生是学校教育的消费者，他们用学费购买学校的服务，是地方本科院校最主要的“顾客”群体，营销的铁律就是“顾客是上帝”，“上帝”就是主宰，就是主体。学生是学校主体的观念应当根植于教师的思想深处，成为教师最重要的职业意识和行动自觉。

第三，学生是教师价值的载体。教师的天职就是育人，教师的职业价值就是培养人。因此，学生是展现教师价值的重要载体。衡量一位教师对社会的贡献，不在于发表了多少篇论文，也不在于获得了多少表彰奖励，而在于他培养了多少优秀的人才。学生是教师个人理想抱负的传承者，是教师个人才华能力的体现者，也是教师职业幸福的生成者。没有学生就无所谓老师，没有学生的存在，就没有教师的一切含义。教师的成长既附丽于学生的成长，也借力于学生成长，在教学相长中实现师生的共同进步。师与生相生相成，既相互独立又相互依存，既相互对立又相互统一。教师应当把学生当作合作的伙伴、服务的对象。

2. 确立师生的平等关系。学生和老师是最重要的两大群体。从师生关系是否融洽和谐，可以看出学校管理水平的高低和教育质量的优劣；从师生关系是否平等，可以判断学校教育理念的先进与落后。如果教师依然处于居高临下的地位，不仅可以随心所欲地体罚学生、歧视学生，还可以任意侮辱学生的人格，打压学生的个性，这样的学校是与现代大学教育理念格格不入的，也是注定会被时代淘汰的。地方本科院校要为中华民族伟大复兴培养更多创新型人才，就必须以平等化为取向，建立平等的亦师亦友的新型师生关系。

第一，确立师生人格平等的观念。教师和学生，分别承担着教与学的责任。两者虽然所从事的职能不同，虽然承续着予与取的关系，但师生之间并没有高低贵贱之分。从大处讲，学生与教师都在完成传承文明、弘扬文化的历史使命；从小处看，学生读书，教师教书，都是为了在社会上获取生存的空间，实现生命的价值。今天的老师是昨天的学生，今天的学生也有一些会成为明天的老师。老师没有理由也没有必要自以为比学生优越，学生也没有必要在老师面前感觉低人一等。无论从职能还是从法理的角度看，学生与老师在人格上是完全平等的。对教师来说，主动放下“师道尊严”的架子，蹲下身子教学，多与学生交朋友，多作换位思考，多从学生的角度去理解、关心学生，多用自己的人格魅力去影响学生，感化学生，反而能获得学生的敬重。同时，老师的架子放下了，身子蹲下了，就能听得到、听得进很多学生的意见和建议，最大限度消除师生之间的隔膜，真正建立一种和谐互助的师生关系，老师就能在更高的层次上体会到教书育人的职业幸福感。作为教师，如果寄希望于装腔作势、体罚和侮辱学生来树立个人威望，那是修养和自信心不足的表现。对学生来说，尊重教师的劳动，感恩老师的付出，虚心向老师请教，认真完成老师布置的任务，是最基本的态度。但也要意识到自己是一个独立的人，是一个与老师在人格上平等的人。相信老师而不迷信教师，尊敬老师而不盲从老师，敢于在老师面前表达自己不同的意见和观点，坚守“我爱我师，但更爱真理”的信念。只有在人格平等前提下才能构建良好的教学相长、情谊久远的师生关系。

第二，确立师生权利平等的观念。在学校，老师有教书育人、爱护学生的责任和义务，学生有认真学习、尊重老师的责任和义务。老师与学生，虽然责任和义务不同，但权利上是平等的。这种权利平等，在教学实践中可以体现在多个方面。一是老师与学生都有评价与被评价的权利。传统教学中只有老师可以评价学生，学生不能评价老师，这种不平等不利于师生交流，也不利于教学水平的提升。允许学生就老师的教学能力、教学方式、教学态度、仪表气度、师德师风予以评价，对老师是一种监督，也是一种促进。学校和老师都应当持支持和鼓励态度，并把学生评价老师作为学校的规章制度固定下来。二是学生与老师都有表达与表现的权利。在课堂上，在日常的交流讨论中，老师可以发表自己的看法，提出自己的观点，学生也有权表达个人的观点和意见。老师既不能剥夺学生自我表达的权利，也不能占用学生发表个人意见和观点的时间。课堂教学改革最成功的地方，就是压缩了老师在课堂上讲课的时间，还学生充分表达的权利。保证学生表达个人意见的权利，不仅能充分锻炼学生的表达能力，提高学生探究思考的能力，更重要的是，在学生心中培养起热爱真理、坚持民主的理念。三是学生和教师都有批评与被批评的权利。批评人不是老师的专利。学生做得不对，教师可以在问明情况后提出善意的批评。同样，老师有不对的地方，比如讲课时出现一些错误，言行举止有些不得体的地方，学生也可以及时向老师提出批评。一些深受传统理念影响的老师，常常把学生对老师的批评当作是犯上作乱，有意破坏教师的形象，这是完全错误的。真正在学生与老师之间建立起一种善意的相互批评的关系，能及时消除彼此的误会和隔阂，增进彼此的信任，融洽师生关系。四是老师与学生都有相互选择的权利。建立健全学生与老师进行双向选择的制度机制，是高等教育教学改革的方向。老师可以选择自己喜欢的学生，学生也可以选择自己喜欢的老师。这种双向选择制度落实得好，既能充分调动学生的学习积极性，也能增强老师不断进取的主动性。

第三，确立师生地位平等的观念。老师与学生，都是社会公民，两者的政治地位和法律地位都是平等的，双方的人权都不容侵犯。学生在任何时候、任何情况下都没有理由和权力侵犯老师，攻击老师。老师也没有权力辱骂、体罚学生，没有权力剥夺学生的休息，更没有侵占学生及其家长合法财产的权力。现在高校里对教师侵犯学生权益的现象大多定位在师德师风的层面上，而没有上升到政治和法律的层面上来看待，这是导致少数教师侵害学生现象屡禁不止的原因。这些年还出现了师生之间的激烈对抗，教师被普遍看作是“高危职业”，值得政府和社会深思。在学校里大力倡导师生地位平等的观念，强化师生的法治意识，运用道德的、法律的手段营造新型的师生关系，已迫在眉睫。

3. 维护学生的正当权益。正常的交往都是对双方有益的交往，改善师生关系就是要真正建立有利于双方成长进步的交往关系。在师生关系中，学生处于相对弱势的地位，其正当的权益更应当得到充分的重视和维护。任何侵害学生权益、影响学生成长的言行，无论是否有意为之，都只能恶化师生关系而不可能改善师生关系。作为地方本科院校的教师，对此不可不慎。

一是维护学生的学习自主权。在教学活动中，不少教师过于相信自己的经验，经常以赋分、评价等权力要求甚至强迫学生采用某种学习方法，歧视或扼杀学生的某些学习兴趣和爱好，造成学生对老师和学习的反感。“教师要自觉摒弃‘师尊生卑’的传统观念，打破‘以教师为中心’的状况，自觉消解教师的话语霸权，充当‘平等中的首席’。”① 大学生不同于中小学生，他们对如何学习已经有了自己的见解甚至形成了自己的习惯，只要他能够完成学习任务，就应当允许他们选择自己喜欢或习惯的学习方法，或独立思考或组建学习小组，或精读或泛读，或在教室里自习或去图书馆学习，不能用一种模式来要求学生，把学生管紧管死。培养学生能力是大学教育的重要目标，应当允许学生自主组建健康有益的各种兴趣小组，

① 曹砚辉：《当前高校师生关系存在的问题及解决对策》，载《教育探索》，2012年第3期。

鼓励他们参加社会活动和实践锻炼，而不能把学生束缚在教室里，束缚在书本上。无论在教室还是在课外，教师都应当维护学生对理论知识的探究质询权，主动参与学生的讨论，回答学生的质疑，通过探讨交流引导学生崇尚真理，走出思想和科学的误区。不能给学生的思想套上枷锁，也不能怕难堪而阻止学生深入探讨和质询。把大学生当作小学生，在学习上不停地耳提面命、画地为牢，只会让学生加深对老师的反感，疏远师生关系，降低学习效果。

二是维护学生的人格发展权。不少教师习惯于用家长制的管理方式来管理学生，随心所欲地干扰学生的正常成长。大学时期正是学生青春飞扬、个性彰显的时期，也是他们人格的定型期和丰富期。追求个性发展是学生的共同需求，也是学生成长的需要。有些老师喜欢用统一的标准去禁锢学生张扬的个性，用四平八稳的条条来规范学生，视不符合教师标准和要求的学生为不成熟或叛逆，甚至打压学生的个性。有些教师总以“理学家”的心态看待学生的情感生活，对男女学生的正常交往看作不健康的行为，对学生的丰富感情不是施以正确的引导，而是横加指责和干涉，甚至人为设置障碍；对遭遇情感打击和挫折的学生不是热情关心和细心疏导，而是幸灾乐祸、冷嘲热讽。有的教师喜欢打探学生的隐私，对学生及其家庭成员的情感生活和异性学生的交往情况兴趣盎然，只要有捕风捉影的东西便添油加醋、四处传播。不仅侵犯学生的隐私权，也给学生造成强大的心理和舆论压力，加大师生之间的隔阂。

三是维护学生的资产独立权。大学生都拥有各自的资产，包括有形和无形资产。从法理上讲，每个成年学生都有独立处置个人资产的权利，但在高校里学生的个人资产处置权被侵犯的现象都程度不同地存在。一般来讲，有形资产被侵犯的现象比较受学校和社会的关注，如地方本科院校中少数老师向学生索拿卡要、侵占或变相侵占学生财产的情况就被曝光过，情节严重的当事人也受到了处理。而学生无形资产遭侵犯的现象却没有引起足够的警觉和重视。学生的个人信息被泄露，肖像权被侵犯，学术成果被占用等方面的问题并非罕见。虽然不少学生的维权意识还不强，对自身合法权利的认知还不全面，或者不少学生出于多种考虑，没有站出来维权，但这些侵权行为使他们降低对教师的尊重与信任，影响师生正常的交往关系，肯定是不争的事实。从学校层面讲，应当将维护学生正当权益作为重点纳入学校治理体系建设，通过依法治校方略的实施保护学生的正当利益，清除影响师生正常交往的障碍。从教师层面来讲，应当加强师德修养，提升思想境界，增强法制意识，自觉维护学生的正当权益，以人格魅力和实际行动赢得学生的尊敬和信任，为构建良好的师生关系奠定坚实基础。

四、构建新型师生关系的方法和路径

师生关系是一种动态的相互关系，只有与新时期高等教育的新理念、新特点相结合，才能具有持久的生命力和社会价值。脱离了时代性的师生关系是落后保守的、阻碍学生成长和学校发展的人际关系，也是狭隘自私的师生关系。因此，构建新型的师生关系，应当顺应时代发展变化，借助科技发展新理念和新成果，通过探寻新方法和新路径，赋予其与时俱进的时代特征。

1. 创新管理理念。无论承认与否，教师与学生的关系都是一种管理与被管理的关系。以课堂教学为核心的教学管理是高校最重要的管理形式，没有必要的管理就没有正常的教学秩序，教学目标就无法实现。构建新型的师生关系不是解构正常的管理，而是创新教师的管理理念和方式。长期以来盛行于地方本科院校的管理特征是

“管制”，教师以严苛的制度规范课堂秩序，控制学生言行，以打击学生的身体和心理自尊的方法惩戒违反制度和纪律的学生。这种缺乏弹性机制和人文关怀的管理方式使学生蜕变为高服从低意志的被管理者。这种对学生的生理和心理健康都带来了严重损害的管制式管理已经完全不适应培养创新型人才的时代要求，必须实现教师对学生管理由管制向服务的转换，即教师要把学生看作是服务的对象而非管制的对象，以服务型管理取代管制型管理。服务型管理一个本质的特点就是以人为本，在高校就是“以生为本”。以生为本的管理理念要求教师把学生当作一个有灵性、有尊严、有情感的生命个体来对待，以尊重、信任、理解、同情和宽容的态度，为学生学业进步和人格成长提供充满爱心的指导，使学生在人性化的管理中感受到管理带给他们的愉悦和进步，不断激发学生自我管理的积极性和创造性。“管理者角色应由强制者转变为协作者和同盟者，帮助他人完成自我管理，最终实现高效却不留管理痕迹的超级领导的境界。”① 如果每个教师都能达到这样的管理境界，师生关系就一定会有质的改善。

2. 拓展师生交流平台。师生关系的改善依赖师生交流频率的增加，只有保证一定的交流数量才能保证较高的交流质量。随着课堂学生规模的不断扩大，教师在课堂上与学生展开充分交流的可能性越来越小，只能在课外寻找或创建师生交流的平台与机会。一方面，可以鼓励教师开辟专门信箱、网上邮箱、教师博客、师生微信群等，为学生课外与教师交流提供新的渠道，给学生提供随时表达自己意见、建议和咨询的平台。教师应当以负责任的态度及时做出答复和回应。另一方面，建立“书院式”的交流平台。有的地方本科院校

① 朱立言:《行政领导学》，中国人民大学出版社 2002 年版。

根据需要在二级学院中创建各具特色的书院，书院里备有专业书籍、咖啡、茶点，教师利用课余时间到书院与学生进行轻松愉快的交流，实现学术与情感的同时增益，效果非常好，深受师生欢迎。再是由专任教师举办小规模的讲座，针对学生中出现的一些思想倾向，明确讲座的主题，利用图书馆或校园书店等书香浓郁的场所，与师生开展推心置腹的讨论和探究，解开学生的困惑，化解学生的心结，拉近师生的距离。只要教师有与学生交流的意愿，就能够找到与学生交流的方式和平台。通过创新交流方式来弥补学生与教师交流不足的短板，不失为一种制度机制的创新。

3. 改革传统教学模式。课堂是师生交流的重要场所，教学是师生交往的重要方式，教学方式和教学效果在很大程度上影响乃至决定师生关系的亲近度和稳定度。教师的教学水平、语言风格和人格魅力主要通过课堂教学展示出来，学生对教师的认可和尊敬主要在课堂上形成和巩固，学生对老师的疏远和冷漠也主要源于老师的教学态度和教学能力。因此，改革课堂教学模式，让课堂成为智慧碰撞的磁场、知识共享的盛宴、情感互动的乐园，对改进师生关系十分重要。信息时代不同于印刷时代，教师对知识的垄断业已打破，学生通过新媒体获取的知识已经远远超过课本的知识存量，课堂教学不再是简单的知识传授和照本宣科，更多的是通过师生的共同探讨获得发现和洞见，享受发现和洞见带来的愉悦。如果教师仍然固执于“填鸭式”的教学模式，执掌着话语霸权不放，学生的主动性和参与性无从发挥，那么课堂教学失去的不仅仅是教学效果，还有学生信任的丧失。学生以逃课或课堂“低头一族”的方式来表达对课堂教学的不满，用疏远教师的方式表达对教师教学方式和能力的不满。地方本科院校的教师已经到了彻底告别传统教学模式的时候了，主动放弃“满堂灌”的话语霸权，努力打造探究、分享、合作、互动的课堂教学模式，调动学生的主动性，激活学生的创造性，增加课堂的活跃性，提升教学的趣味性。和谐的课堂氛围既是良好师生关系的成因，又是良好师生关系的体现。

第八章

优化教师发展环境

“所谓大学者，非有大楼之谓也，有大师之谓也。”教师是立教之本、兴教之源。教师是高校最宝贵的智力资源，是高校得以存续和发展的根本保证。从某种意义上说，高校教师的能力水平直接决定着高校的发展高度。促进高校教师专业发展和学术进步，提升高校教师能力水平，是高校发展的重要保障。教师能力水平的提高，需要“内因”和“外因”同时起作用，一方面需要教师个人的持续努力，另一方面也需要学校和社会营造一个有利于教师发展进步的良好环境。如果说教师个人的主观能动性是一粒种子，那么发展环境就是阳光雨露，后者是前者生存发展的必要条件。好的环境能成就教师，差的环境只能桎梏教师；好的环境能吸引教师，差的环境只能逼走教师。地方本科院校转型发展需要建设一支优秀的教师队伍，最有效的措施就是切实优化教师发展环境，以优良环境吸引教师，稳定教师，成就教师。

一、牢固确立教师的主导地位

“师者，所以传道授业解惑也。”现代高校教学实践表明，在确认学生主体地位的同时，必须牢固确立教师的主导地位。这种主导地位通过两个方面得以体现。一方面是就学生而言，老师处于教学上的主导地位，这种“主导”，就是根据高等教育发展规律和人才成长规律，充分发挥教师在课堂教学、课外实践、道德教育、人格培养等方面的主动性和先导性，通过言传身教实现立德树人的工作目标。另一方面是就学校而言，教师处于学术上的主导地位。承认教师在学校的主导地位，就是承认学术在学校的主导地位，教师地位和学术地位互为表里。在一个行政地位远远高于学术地位的高校，教师的主导地位是不可能存在的。承认教师的主导地位就应当彻底打破高校行政权力泛化、学术权力弱化的权力格局，真正把教师作为学校发展最根本的力量来看待，承认教学科研在高校各项工作中的绝对重要性。具体来说，确立教师在高校中的主导地位，必须牢固树立三种意识。

1. 牢固确立尊重劳动、尊重知识、尊重人才的思想意识。尊重劳动，尊重知识，尊重人才，尊重创造，是中国共产党治国理政的重大方略。高校是劳动的课堂、知识的海洋、人才的摇篮，也是创造的滥觞，应当在广大教职员工中广泛树立尊重劳动、尊重知识、尊重人才和尊重创造的思想观念。思想是行动的先导，只有将四个“尊重”的意识入脑入心，才能形成落实“四个尊重”的行动自觉。地方本科院校教师，集劳动、知识、人才和创造于一身：他们的课堂教学和学术研究是最有价值的脑力劳动，直接关系到人才培养的质量和经济社会发展的科技含量；他们是知识的拥有者和传授者，是传播文明、传承文化的重要使者；他们是“人才”的代名词，高校是人才汇集的洼地，教师占社会人才总量的三分之二以上；他们还是科技成果的主要创造者，很多发明专利和实用技术成果都出自教师之手。在地方本科院校，教师就是劳动、知识、人才和创造的集大成者，他们的劳动和创造事关国家的发展和民族的兴旺，要把党治国理政的战略方针落到实处，就应当以一种高远的情怀，把教师作为学校最宝贵的财富和最重要的资源来尊重和开发。对教师的尊重不能挂在口头上，贴在墙壁上，写在报告上，而应当体现在高校顶层设计上，体现在激励机制上，体现在政治荣誉上，体现在制度管理上。通过实实在在的行动营造尊重劳动、尊重知识、尊重人才和尊重创造的良好氛围。

2. 牢固树立崇尚教师职业的理念。从教师的职业内涵看，教师承担着立德树人、为中华民族伟大复兴培养优秀接班人和建设者的神圣使命，直接关系到国家强盛和科技发展，关系到社会进步和民众教化，关系到文明传承和文化繁荣。从教师的职业特点看，教师是燃烧自己照亮别人的“蜡烛”，用最无私的情怀把个人的精力和智慧奉献社会和祖国的人，他们默默无闻、乐于付出，他们勤于学习、勇于探索。教师的职业内涵和特点决定了教师地位的高尚。“国将兴，必贵师而重傅。”（《荀子·大略》）中国历史上的繁荣兴旺都是与尊师重教相伴而生的。在建设中国特色社会主义的新时代，党和国家出台了一系列关心教师成长、提升教师地位的方针政策。但在社会价值更趋多元的今天，社会上有少数人基于对知识和文化的轻视而产生对教师职业的蔑视。余风所及，一部分高校教师也缺乏相应的职业自信和职业幸福感。地方本科院校应当用事实和行动维护教师是“太阳底下最光辉的职业”的称誉，大力弘扬尊师重教的光荣传统，努力让教师职业不仅为人们所称道，更为人们所向往，成为最受社会尊重的职业。一方面引导教师深化职业光荣和使命重要的认识，自觉增强立德树人、教书育人的荣誉感和责任感，牢固树立中国特色社会主义理想信念，服务地方经济社会发展，展现胸怀祖国、热爱人民，学为人师、行为世范，默默耕耘、无私奉献的高尚情操。另一方面要千方百计提高教师的经济待遇和政治地位，为教师的事业发展提供宽阔的平台和优质的服务。同时大力推介教书育人的先进典型，广泛宣传他们默默耕耘、无私奉献的感人事迹，着力营造尊师重教的良好风尚，形成关心教师、爱护教师、崇尚教师的良好氛围，从而把广大教师的积极性、主动性、创造性更好地发挥出来，更好地推动高等教育事业发展。

3. 牢固树立以教学为核心的意识。电视连续剧《人民的名义》中有一个镜头：一名大学教师在相亲时多次提到高校行政岗位的“含权量”，很明白地表露出对行政权力的羡慕和对教学工作的无视。有这种意识的高校职员绝非少数，这从一个侧面反映出当前高校存在一种“重行政轻教学”的不良现象。在一些人眼里，一个行政职务的“含权量”，就是掌握高校资源的丰裕度，含权量越大，掌握的资源就越多，就越有可能获得更多更好的职称、荣誉和实惠。而普通教师只能通过不辞劳苦的教学和科研成果的积累来争取职称、荣誉和经济待遇等紧缺资源。教师在学校所受到的尊重、所享受的物质待遇、所拥有的话语权，常常处于学校的较低层面。这种现象已经严重制约地方本科院校的办学水平和发展质量。大学是培养人才的园地，是传授知识、传承文明的场所，教学工作是大学的中心工作，是高校一切工作的核心，其他工作都要服务和服从于教学工作。相应地，从事教学工作的教师是高校最重要的群体，大学教师地位的高低决定教学质量的高低，直接影响到人才培养质量的高低。地方本科院校要牢固树立一切围绕教学转的意识，主动探索高校去行政化的工作路径，防止重行政轻教学，把学校工作着力点集中到强化教学环节、提高教育质量上来，以制度保障教学的中心地位，以政策激发教师的从教动力，使以教学为主的教师有盼头，有劲头，有甜头，使广大教师喜教、爱教、乐教，致力于追求教学上的创新和学术上的卓越。

二、着力优化教师发展的五大环境

教师事业发展、职业幸福都直接受环境的影响和制约。古人说“时势造英雄”，“时势”就是环境，是时代的大环境。地方本科院校也是环境，是教师学习、工作、生活的环境。学校既是相对独立于社会的小环境，又受社会和时代大环境的影响，也影响着时代和社会大环境。营造好的环境可以最大限度地激发教师的内在潜力，确保教师专注于自己的事业而不受外界干扰，能够让教师在愉悦、宽松和舒畅的氛围中做自己的事情，能够充分得到他人的支持、理解和包容。环境不好则会让教师有才无处用，有劲无处使，干事创业处处受到掣肘。个性特长得不到发挥，专业能力得不到重视。成功之时遭人嫉妒中伤，失败之时遭人落井下石。所以好的环境能成就人，差的环境会毁灭人。处于转型发展时期的地方本科院校，一方面教师自身的专业发展期待、价值实现期望和生活质量期待都高于过去，实现这些期待需要比以前更优越的校园环境；另一方面学校正面临多元思想观念和多元价值取向的挑战，校园环境更为复杂，营造有利于教师发展的环境面临的矛盾更加复杂，问题更加集中。地方本科院校应当以更高的站位、更大的力度、更实的措施，全方位为教师的发展创造良好的环境，让教师的各种理想目标在校园里生根、开花，并结出丰硕果实。

1. 营造良好的教学环境。良好的教学环境是培养优秀人才的前提，也是教师成长进步的保证。没有良好的教学环境，就没有师生良性互动的平台；没有有效交流的氛围，也就没有良好的教学效果。良好的教学环境离不开宽敞明亮的教室，也离不开先进的教学设施。但真正决定教学环境优劣的不是硬件设施而是人文精神。当年西南联大在战火中颠沛流离，教学条件并不优越，却培养出一批杰出的时代骄子，成就了一批世界级的大师。诺贝尔奖获得者杨振宁教授可以说是西南联大的骄傲。西南联大的事实证明，良好的教学环境对人才培养十分重要，良好教学环境的形成需要浓郁的人文精神。具体来说，需要抓住三个要点。

一是营造开放的学术氛围。教学是具有高度创造性的劳动，需要较大的自由度和发挥空间，在坚守政治底线的前提下，最大限度给予学术探讨交流的自由空间，允许将新思路、新方法、新观念运用于课堂教学，让不断探究、不断发现、不断创新的科学特性在课堂上得到充分展现；让平等讨论、兼收并蓄、求同存异的人性光辉在课堂中异彩纷呈；让尊重科学、坚持真理、鼓励创造的人文精神在课堂里熠熠生辉。

二是打造高效的课堂样本。课堂应当是教师展示才华、实现抱负的舞台，是能者上庸者下的竞技场，是激扬青春、放飞理想的自由王国。这里可以包容失败但不包容平庸和保守。课堂上既有理性的思考，又有情感的交流，更有个性的飞扬。每一堂课都应当是知识的盛宴、智慧的狂欢，应当时刻闪耀着理论的魅力、真理的光芒。地方本科院校要引导优秀教师回归课堂、聚力讲台，经常让教室人满为患。鼓励青年教师向往课堂，在教学一线摸爬滚打、经受考验，练就炉火纯青的教学艺术，培养爱生重教的人文情怀。

三是拓展教学实践空间。人的个性是多元的，个性的发展是多向的，营造良好的教学环境就是要给个性发展提供宽阔的空间。大学教学不仅要顺应个性发展的规律和要求，让教学过程成为因材施教、因人施策的过程，也要根据个性发展的需要，让教学走出教室，走向社会，走进自然，融入火热的现实生活。教学环境的局促容易导致学生眼界的局促，眼界的局促又产生能力和思维的局促。地方本科院校不应当把教学活动局限在教室里，而是确立开放课堂的理念，以自然和社会为课堂，为在校外实施教学活动提供充分的便利，让学生在这个大课堂里获得个性自由发展的空间，不断增进对社会的了解、对自然的热爱，不断提高实践动手能力，丰富社会阅历见识，为他们走向社会提供更多的就业选择。

2. 营造良好的科研环境。科研与教学同为高校的“一体两翼”，都是教师的重要职责，打造优良的科研环境，也是营造教师发展环境的应有之义。教师的科研成果，既代表高校的创新水平，又代表高校对经济社会发展的贡献度，对于提高大学的社会美誉度和学术影响力十分重要。而教师科研成果数量的多少和质量的高低，在一定程度上取决于高校科研环境的优劣。当前，在地方本科院校，教研人员心态浮躁，科研经费保障不足，科研项目审批手续烦琐等问题仍然比较突出，亟待破解。

一是尊重科学研究规律。马克思说过，在科学的道路上是没有平坦的道路可走的。在地方本科院校，科学研究需要教师勇于探索、自强不息，也需要得到广泛的支持和理解。要营造学术面前人人平等的科研氛围。在真理面前，只有对错之分，没有高低之差，没有贵贱之别，学术上只崇拜真理不崇拜权威，防止以权压人，以威逼人。要营造宽容失败、不以成败论英雄的氛围。科学研究没有一帆风顺，只有艰难曲折，有时还需要付出生命代价。任何成功都是建立在一系列失败的基础之上的，失败的教训往往比成功的经验更有价值。因此要克服学术研究中的势利心态，珍惜失败，宽宥失败，支持和鼓励从失败中总结教训，从跌倒的地方爬起来的执着精神。要营造“科技是第一生产力”的思想氛围，建立和完善科研成果与教师收入挂钩的利益分享机制，提高科研人员成果转化收益分享比例，让教师凭借自己的聪明才智做科研、出成果，合理合法地富起来，成为社会的中高收入群体，调动教师从事科研的积极性和创造力。

二是创新科研投入机制。任何科研活动都离不开经费保障。科研经费不足是地方本科院校的“短板”和“硬伤”，优化科研环境必须提供必要的经费保障。一方面要用好存量，在全校达成重视科研的共识基础上，提高科研经费在高校总支出中的比例，加强科研经费的整合和管理，提高科研经费的使用效益。另一方面要创新科研经费投入机制，扩大增量。吃透上级的科研政策和扶持重点，积极争取项目经费。特别注重申报和争取国家级重要科研课题和重大科研平台，以课题和平台争取国家科研经费投入，扩大学校科研经费增量。同时，加强横向课题研究，通过与地方政府、企业行业开展联合攻关，瞄准地方经济社会建设前沿需求，加强高校科研与市场对接，在对接中拓宽经费渠道，在对接中实现大胆创新、有效创新，推动科研成果转化，使科研活动更好地服务于经济社会发展。

三是提高科研服务质量。服务质量的高低是检验科研环境优劣的重要尺度，也是影响科研成果数量与质量的重要因素。地方本科院校应当简化科研项目申报、审批和结项手续，建立健全科研成果评价体系，更加注重学术评价质量，努力营造公平公开的科研环境，让有志于科研的老师都有获得科研课题的机会。应当净化学术研究氛围，杜绝“官谋学术”的行为，打击学术造假和学术腐败现象，维护学术的尊严和学校的声誉。切实改善科研管理的制度和方法，完善学术休假制度，为教师自主分配教学科研时间提供更多的可能，保障教师必要的从事学术研究的时间与精力，激发教师在学术研究上的主观能动性。

3. 营造良好的合作环境。合作是成功和发展的基本方式。科学技术越发达，社会进步越向前，就越需要合作。地方本科院校要实现人才培养、科研创新和服务地方的目标，必须在学校营造浓厚的合作氛围。当下一种常见的现象是，在教学上，每个老师都是独立备课，独立授课，同一专业体系的各课程之间的老师缺乏必要的沟通，只满足于完成自己所授课程的教学内容，而没有揭示相关课程之间的逻辑联系和内容衔接，导致学生获得的知识都是零散的，浅显的，缺乏系统性和连贯性，使学生的学习效果和学习兴趣都受到严重影响。学术研究也多是单打独斗，各自为政，没有形成优势互补、集思广益的团队效应，因而在申报和完成高档次课题上缺乏有效作为。更有甚者，有些老师人为封锁信息，不愿与他人分享信息资源，哪怕这种资源并非自己所需。缺乏合作意识和合作行为，已成为制约地方本科院校科研工作的重要症结。2017 年 4 月，中国教育报在报道天津大学短期内连续在国际顶尖刊物上发表封面文章时，特别指出每篇文章的作者多达几十人，反映出科研成果是集体智慧的结晶。强化教师的合作意识与团队精神，为教师之间开展教学科研项目合作营造浓厚的氛围，提供良好的条件，是地方本科院校应当高度重视和重点突破的工作。

一是营造倡导合作的浓厚氛围。“合则两利，分则两败”，已成为国家之间、单位之间和个人之间发展进步的基本规律。教师之间的合作是一种良性互动，是促进教师成长和学校发展的一种方法和策略。一个事业有成的教师，不仅应具有良好的专业能力，更重要的是应具有团结协作的优良品德。应当把合作意识作为培养培训教师队伍的主要内容和考核教师思想品德的重要标准；应当把合作精神作为校训和校园文化的重要组成部分，贯穿于日常工作和管理之中。通过宣传和推介互相合作的典型和取得的重要成果，在校园内形成鼓励合作、支持合作、推进合作的良好舆论氛围。

二是营建资源共享的合作文化。当合作由制度层面上升到文化层面之后，崇尚合作、主动合作就会成为大多数老师的价值追求和行为自觉。在合作文化的浸润下，不仅教师的教学科研成果会产生倍增效应，同时也会润物无声地完善教师的职业生活方式，改善其人际关系，提升其生命质量。合作文化强调教师之间的资源共享，以共享实现“一加一大于二”的合作效应。合作文化主张承认差异、包容个性、发挥特长，差异、个性和特长是合作的基础，也是合作的价值所在。合作不应当成为消弭差异、否定个性和特长的借口，而应当成为个性充分张扬、特长充分展示和差异充分互补的契机。地方本科院校应当倡明合作文化的合理内涵，把求同存异、扬长避短、双方共赢作为其核心内涵加以提倡和弘扬。使每一个教师在合作氛围中，找寻生命和个性的本真意义。

三是构造推进合作的工作机制。制度机制也是一种环境，设置合理、运转通畅、运行高效的合作机制对推进教师之间的合作具有关键作用。地方本科院校应当建立健全推进合作的舆论引导机制，以舆论强化教师的合作意识与意愿。应当建立健全鼓励合作的利益激励机制，在经费安排、成果奖励和评优晋级上向合作攻关的团队倾斜。应当建立健全促进合作的高效服务机制，在改善实验实训条件上、在资源配置和人力调配上，为团队合作提供高效优质的服务，及时协调解决合作过程中出现的各种矛盾和问题。

4. 营造良好的人文环境。人文环境对教师的事业发展和生命幸福都有十分重要的意义。每个人都渴望自我价值实现，希望得到社会的认可、尊重、理解和信任，教师作为受过良好教育、具有丰厚文化素养的特殊群体，更注重精神层面上的追求。要满足教师的精神追求，就必须营造优良的人文环境。构建良好的人文环境必须坚持“人本”思想，把“人”作为一切工作的中心，把尊重人、关心人、依靠人和谋求人的全面发展作为学校的重要价值目标。地方本科院校应当从四个方面来塑造良好的人文环境。

一是公平的发展环境。公平是促进教师发展的基础，是最好的阳光雨露。公平的环境能有效激发他们的创业激情，体现他们因自我发展和独立创造而获得的内在尊严与生命价值，让大学校园充满生机活力。地方本科院校应当尽最大努力实现三个均等：首先是每个教师的发展机会均等，在课题申报和访学进修等方面做到一视同仁，防止行政权力和学术权威对发展机遇和发展平台的垄断。其次是资源配置均等，在高等教育资源普遍不足的情况下，实现资源均等配置的阻力和干扰更多，学校应当消除行政职务对资源配置的影响，根据教学科研的质量和分量来分配教育资源。最后是成果共享均等，共享是国家发展理念，也是学校应当坚守的公平原则。每一个教师都能够从精神和物质层面分享学校的发展与进步，享受集体的荣耀和待遇的提高。

二是规范的法制环境。加快高校治理体系建设的一个重要内容就是实现依法行政、依法治校。一个良好的学校法制环境，对于规范教师的教学科研行为，维护教师的合法权益十分重要。建设规范的法制环境，就是要保护知识分子追求学术自由和职业幸福的权利不受侵害，保护教师的知识产权不受侵犯，保障教师的教学科研权利不被非法剥夺，保障教师的生命财产以及法律赋予人的其他权利不受侵害，让每个教师在法制阳光的照耀下尽情地教书育人、创造创新。

三是和谐的人际环境。高校是个小社会，和谐的人际关系对建设平安校园、增进教师福祉、激发创新活力都有重要意义。要倡导文明诚信的人际关系，相互信任，坦诚相处，防止互相戒备、造谣传谣、恶言相向、彼此中伤行为的产生。要倡导守望相助、扶危济困的良好风尚，弘扬同情弱者、乐于助人的优良传统，尽心尽力帮助遇到困难的同事和邻居。要倡导积极进取、乐观向上的校园风气，不以吃喝玩乐为手段来拉近人际关系，而以共同事业的追求来增进相互之间的友谊。

四是宽松的干事环境。适度的压力有助于激发活力，推动工作。但地方本科院校的教师却承载着他们难以承受的许多压力，除了生活上的压力外，还有教学业绩、科研成果、学历提升、职称晋级等方面的压力。这些压力使许多教师经常处于高度紧张、疲于奔命的状态。学校应当帮助他们卸掉思想包袱，营造宽松的工作环境，让他们每天都在轻松愉悦的氛围中干事创业。一方面要突出制度的人性化，使学校的制度设计更加契合人的本性。等级森严、整齐划一的制度安排无疑会加大人与制度的冲突，增加教师的工作压力，“只有人性化的管理才能使人更多感到管理过程带来的愉悦而非痛苦”①。另一方面应当突出管理的自主化，让教师根据工作目标自主制定计划，实施自我控制，实现自我管理，达到自我激励。再一方面就是突出责权的对等化，有责必有权，有权当有责，实现责权、事权的高度统一，防止出现有责无权或责大权小的尴尬局面。

5. 营造舒适的生活环境。很多时候，舒适的生活环境是个人生命质量和幸福指数的体现，是人的社会价值和人格尊严的体现。良好的生活环境可以解除老师的后顾之忧，将时间和精力集中于教学和科研上来。地方本科院校应当本着为教师服务的宗旨，切实改善教师的生活条件，以良好的生活环境提升广大教师的归宿感和幸福感。

一是改善基础设施。加大基础设施建设投入，合理规划校园布局，统一校内建筑风格，绿化美化校园环境。改善教师住房条件，

① 赵国祥、冯平：《论高校管理的异化与超越》，载《河南社会科学》，2010 年第 3 期。

争取相关政策，增加专项经费投入，着力解决高校教师的住房难问题，提高师均住房面积，保证教师居者有其屋，以安居保障乐业，让教师体面地生活和工作。应当加大配套设施和场馆建设，让不同年龄段的教师都有合适的锻炼休闲的场地和设施，让拥有不同爱好的教师都能找到自己喜欢的健康生活方式。

二是提高经济待遇。地方本科院校应当把提高教师特别是青年教师的经济收入作为大事来抓，确保教师收入的增长幅度不低于或略高于物价增长的幅度。要从地方高校体制改革入手，呼吁政府相关部门高度重视教师的生活待遇问题，进一步提高教师薪酬待遇。探索建立以学术评价体系为准绳、以公平竞争为导向的职称评审机制和收入分配制度，在坚持效率优先的同时，兼顾公平。对因各种原因导致家庭经济困难的教师，要完善救助帮扶机制，实现全体教师全面小康的战略目标。

三是提升安全系数。安全是教师舒适生活环境的基础。加大地方本科院校人防、物防、技防力度，切实加强校园的安全保卫工作，把学校打造成平安绿洲。科学确定老师的工作任务和目标，防止教师过度劳累。加强对教师常规体检和心理健康指导，加强老师的心理疏导，引导教师积极参加体育锻炼，让教师练就强健体魄，保持身心健康。打造校园教师之家，营造温馨的校园情调，让教师以校为家，爱校如家。

三、建立维护教师发展的长效机制

师道兴，则国家兴。营造良好的教师发展环境是地方本科院校永恒的课题，这种环境应当是持续的连贯的始终保持越来越好、越来越优的发展态势的，而不会因学校主要领导的更替和发展思路的调整而出现波折和变化。唯有如此，才能真正建设一支高素质的教师队伍，以师道的持续兴旺保障学校的持续发展。摆脱人治的管理模式，走上依法治校的轨道，建立全面系统稳定的教师发展的长效制度机制，是保障教师发展环境不受人事变动的影响而持续向好的唯一措施。

1. 建立良性的竞争机制。竞争是促进发展的有效武器。没有竞争，就没有压力；没有压力，就没有活力。地方本科院校作为为社会提供高素质应用型人才、高质量科技成果和高水平智力服务的学术组织，竞争应当是一种常态，更是一种生态。没有竞争就没有淘汰，没有新陈代谢，就没有生命力；没有竞争就没有创新和创造，就没有进步和突破；没有竞争就没有激情和奋斗，就会使每一个老师都甘于平庸、安于平庸。竞争是事业的“酵母”，能把教师的理想抱负转化为丰硕的教学科研成果；竞争是发展的“引擎”，能在高校转型发展中形成百舸争流、千帆竞发的壮观气象。当然，这种竞争应当是良性的，是基于共同发展目标和共同价值追求的竞争，而不是巧取豪夺、明争暗斗和你死我活的恶性竞争。建立良性的竞争机制并保障其正常运行，必须做好三篇文章。

一是有充分的竞争舞台。教师干事创业的平台就是良性竞争的舞台。不管职称高低、职务大小，每一位教师都应当有参与竞争的机会，每一个老师都有适合他专业特长和兴趣爱好的岗位，都有展示个人能力的平台，都有在各自岗位上建功立业的意愿。竞争只是手段不是目的，目的就是调动广大教师的积极性和创造性，立足本职工作创造佳绩、创出特色，做到人无我有、人有我优、人优我特，才有实现真正有价值、有意义的竞争。通过竞争实现人员与岗位的最佳搭配。

二是有公正的竞争规则。规则公正才能保障结果公正。没有公正的规则，就没有公正的竞争，就容易使竞争滑入恶性循环的轨道，成为教师发展的噩梦和师资队伍建设的魔咒。应当防止权力介入竞争，权力的特性就是扩张，权力的触角伸向校园的每个角落，要斩断权力伸向竞争的触手，避免因权力的影响导致竞争天平的倾斜。应当防止权威介入竞争，在学术上，权威并不代表真理和正确，维护权威往往是以损害公正为代价的。应当防止个人情感的介入，个人的亲疏好恶常常能让结果悖离客观事实。制定科学公正的评价标准，用事实说话，用效果说话，用师生和社会的公认度说话，才能保证竞争的公平公正。

三是有合理的竞争回报。有竞争就必须有奖罚，有奖罚才能鼓励先进、鞭策后进。要打造教师竞赛成果的展示平台，防止将这些成果藏在荣誉证书上，锁在功劳簿里，通过灵活多样的形式，使有才华有成果有作为的教师成为学校和社会尊敬赞颂的对象。要让竞争成果惠及社会，转化为服务当地经济社会发展的生产力，为教师个人发展带来新机遇。要根据竞争结果的价值和影响给予物质上的奖励，拉开优劣之间的收入差距，形成后进赶先进、先进帮后进的良性有序的竞争局面。

2. 健全权益保障机制。教师，虽然是一个高智商高知识的集合体，但在各种社会组织中仍然属于弱势群体，他们的合法权益受到侵害的事件并非个案。作为群体的教师其权益在学校里经常面临行政权力侵蚀的威胁，行政组织凌驾于学术组织之上，教师的学术自由权和学校公共事务的知情权得不到有效保障。作为个体的老师其权益更容易受到校内校外乃至学生和学生家长的侵害。从很多个例看，这种侵害不仅限于财产损失，还有人格受到侮辱、尊严受到践踏的情况发生。地方本科院校应当健全教师权益保障机制，依法保护教师的合法权益，让教师有尊严、有体面、有成就地工作、学习和生活。

一是提升教师的维权意识。结合依法治校方略的深入实施，加大地方本科院校的普法宣传力度，提升教师的法制意识，增强教师的法律常识，充分认知《高等教育法》《教师法》等法律法规赋予教师的合法权益，遇到人身权益受到侵害的情况时，不是托人情找关系，不是以牙还牙、以恶惩恶，也不是一味忍让和息事宁人，而是善于和敢于运用法律武器伸张正义，维护法律的权威，维护个人的正当利益。学校应当开展经常性法律知识讲座，指导和帮助教师进行法律维权，为法制宣传和法律维权创造良好的现实条件，提升老师的维权意识和法治信念。

二是完善教师的维权机制。地方本科院校应当从完善管理体制入手，摆正学术权力与行政权力的关系，防范行政权对学术权的不当干预，既不使学术事务行政化，也避免行政权力学术化。通过确立和明晰学术权力的外延和内涵来保障教师群体的学术权益。完善教师维权申诉和处理机制，对发生在校内的侵权行为要坚持以事实为依据，以法律为准绳，排除各种干扰，严肃处理。对校外发生的针对教师的侵权行为，要组织专业的法律团队依法依规依程序进行维权，决不能让教师流汗又流泪。

三是强化工会和教代会的维权职能。工会和教代会是地方本科院校的群众组织，要充分发挥他们在维护教师权益上重要职能作用。既要防范和避免高校群众组织沦为行政的附庸，也要防止和杜绝高校群众组织娱乐化和福利化。高校工会和教代会应当转变观念，把自身作为教师利益的代表，保持相对的独立性，把工作重心转移到维护教师权益上来，建立健全以保障教师正当权益为出发点的工作机制，真正成为广大教师合法权益的代言人。学校教代会要认真审核学校拟出台的相关政策规定，保障教师的合法权益不受损害。学校工会要加强劳动合同管理，及时调解与教师相关的各种劳动用工纠纷，切实维护教师利益。

3. 完善监督落实机制。任何权益的获得都不是他人的赠予，必须通过不懈的努力才能争取得来。优化教师发展环境，老师不应当成为被动的享受者，而应当通过实施主动监督来争取和确保自身发展环境的优化。教师作为地方本科院校的主要群体，具有法定的监督高校重大决策部署、确保学校的各项政策措施落到实处的权利和义务。通过行使相应的权利和义务，切实推进学校各项工作的落实，发挥教师队伍投身学校建设、支持学校发展的积极性和主动性。地方本科院校应当不断建立健全教师实施监督的机制，为教师实行全方位全过程监督提供条件和便利。

一是监督政策措施的出台是否有利于教师发展。在学校充分赋予教师知情权的前提下，教师应当依据国家的相关文件精神对学校的政策条款进行审核监督，凡是不利于教师专业发展、生活幸福的内容，都必须提出建设性的修改意见和建议，及时沟通协商，让学校的任何一项政策措施都能够符合学校工作实际，符合教师的集体利益，从而使每一项政策措施都成为优化教师发展环境的“利器”，而不是损害教师发展环境的“凶器”。

二是监督优化教师发展政策措施的落实。由于多方面的原因，地方本科院校的很多制度并不都能完全落实到位。特别是在行政化色彩比较重的高校，有关改善教师发展环境、提高教师经济待遇、提升学术科研地位的政策文件，落实难度更大，或者在落实时打折扣，或者在落实过程中变形走样。抓好政策措施的督促落实，既是保护教师的权益，也是维护学校的权威。学校要加大政务公开力度，进一步提高学校管理的透明度和民主化，完善政务监督机制，涉及教师切身利益的焦点、热点、难点问题，及时、如实地予以公布，为教师全面了解学校政策落实情况提供真实材料和数据。

三是监督各种监督结果的运用。完善监督机制，实施监督活动，目的全在于改正学校管理工作中存在的影响或破坏教师发展环境的问题和弊端，其落脚点在于监督结果的运用。对监督发现的问题，一方面应当及时予以纠正，特别是事关财务分配、职称评审、课题申报等方面的问题，应当态度鲜明、措施过硬、立行立改，不能有半点的含糊和拖沓。另一方面应当采取问题倒查机制，加强制度建设，弥补政策漏洞。同时对在政策落实过程中不作为或乱作为的人和事，依法依纪依规严肃处理。教师作为相关合法权益的主体，要行使自身的监督权力，跟踪监督结果运用的全过程，确保问题得到解决。

4. 落实参与管理机制。“在高校管理中，管理者不能将被管理者当成执行制度的工具，而是要确立被管理者的主体地位，坚持人格平等、互相尊重，通过平等对话、交流沟通达到管理目标。”① 鼓励教师参与学校管理并为他们参与管理提供相应的途径和手段，是实现高校民主管理、维护教师权益的基本前提。

一是激发广大教师参与学校管理的主动性。有相当一部分地方本科院校的教师埋头于教学科研，参与学校管理的政治意识不强，这是制约学校实施民主管理的最大因素。学校一方面要加强教师队伍的思想政治教育，增强教师的主人翁意识，树立人人都是学校主人、个个都是学校形象的责任意识，让广大教师在骨子里认同校兴我荣、校衰我耻的思想，强化教师参与高校管理的心理认同基础，调动他们参政议政的热情和主动性。另一方面要重视和加强教师的政治理论培训，结合“两学一做”专题教育活动，切实提高教师队

① 郑茂雄：《从制度到文化：高校管理制度化的反思》，载《现代教育管理》，2011 年第 10 期。

伍政治素质，增强他们参与学校管理的能力水平，设身处地从学校发展大局出发，提出务实管用的对策建议。

二是明确教师参与学校管理的重点。从总体上看，老师有可能而且有必要对学校各个方面的管理提出意见和建议。但要特别突出教师参与学校管理的两个重要切入点。一个是参与学校的重大决策管理。高校重要决策的过程，应当是把握学校大局、回应教师需求、吸纳教师智慧的过程。教师参与管理，主要包括学校办学方针制定，教学科研等学术问题，组织人事及财务后勤管理等，如果这方面的决策能够深深地烙上教师合理化建议的印记，就能够更好地调动老师贯彻执行学校方针政策的自觉性。另一个是参与学校的学术管理。地方本科院校需要自由的学术氛围，更需要规范的学术管理。教师是学校从事学术研究的主体，对学术建设和管理最有发言权。地方本科院校要积极创造条件，重点引导教师有效地参与到学术管理上来，学术成果的评价标准请教师提建议，学术成果的评价认定请教师当评委，学术成果的效益让教师共分享。

三是完善教师参与管理的机制和平台。教师参与学校管理是地方本科院校实施民主管理的重要内涵，应当通过有效措施确保这种管理正常化、规范化和制度化。一是加强教师参与管理的制度机制建设。把教师参与学校管理纳入学校《大学章程》的重要内容予以明确和规范，学校重要决策出台之前应当广泛征求教师意见，充分采纳其意见和诉求；凡涉及学校全局和教师切身利益的议题必须经过教代会表决通过；学校的一些重要会议如校长办公会、学校党委会、职改工作会议以及学术委员会会议都应当请教师代表列席或旁听。二是扩大教师参与管理的平台和方式，开通教师向学校提出意见建议和正当诉求的校长信箱和微信平台，安排专人负责邮箱和微信平台的信息管理、整理和处理，及时报学校领导和相关部门研究落实。确立由学校领导和部门负责人共同参加的老师信访接待制度，面对面地倾听老师的意见和诉求。学校领导和重要职能部门负责人的电话要向全校教师公开，随时接听教师的电话建议和政策咨询，以谦虚诚恳的态度密切与教师队伍的联系。

优化教师发展环境事关教师发展，事关地方高校转型升级，事关国家发展人才培养，牢固确立教师的主导地位，着力优化教师发展的教学环境、科研环境、合作环境、人文环境和生活环境，建立维护教师发展的良性竞争机制、权益保障机制、监督落实机制和参与管理机制，大有可为，也应该有所作为。期待地方高校有更好的教师发展环境，涌现出更多的学术大师，培养出更多的时代骄子。

附

相关论文

以校企合作为契机，提升地方本科院校教师的实践教学能力

摘　要：文章通过对地方本科院校教师教学实践能力内涵的界定、教师实践教学能力的现状及成因分析，以高校转型发展为背景，提出以四种校企合作方式提升教师四类实践教学能力的路径。

关键词：高校教师；校企合作；实践教学能力

教师的教学能力决定高校的教育水平和人才培养质量。地方本科院校转型发展的新任务，既对培养什么人提出了新的要求，也对老师的教学能力提出了新挑战。没有一支能培养应用型人才的新型教师队伍，地方高校转型发展就会成为一句空话。从近几年的情况看，地方高校转型发展的重点和难点，主要集中在新型教师队伍的建设上。这支新型的教师队伍与传统教师最大的区别就在于具有一定的实践教学能力。然而无论从理论探讨还是实践探索来看，对如何建设一支富有实践教学能力的教师队伍，目前尚未取得共识，也未能提出管用的可复制的路径和措施。笔者认为，提升地方本科院

校教师队伍的实践教学能力，可以多措并举，其中最有效的路径就是深度推进校企合作。“校企合作的核心内容是实践教学，而实践教学是培养技术应用型人才的重要环节，同时也是提高学生就业能力的关键。”① 地方高校开展校企合作，不仅是培养学生就业能力的重要方式，更是提高教师实践教学能力的重要平台。应当把提高教师的实践教学能力，作为校企合作的重要目标。“要提升学生的应用实践能力，首先要提高教师的专业实践能力”。②

一、教师实践教学能力的主要内涵

教师的实践教学能力是一个复合概念，是相对于教师的理论教学能力来说的。以前地方本科院校以培养学术型人才为首要任务的时候，教师只需具备理论教学能力便可称其为好老师。随着培养目标向应用型人才转轨，高校教师也必须具备与之相适应的实践教学能力，能传授学生有应用价值的知识和实际操作的技能。综合起来，教师的实践教学能力大致可分解为四个方面。

一是实践应用能力。在转型发展背景下，地方本科院校的教师不再是纯粹的书斋学者，做着纯理论的研究，他们还要掌握专业理论在现实中的应用情况，了解与所学专业相关的行业发展现状和发展前景，熟悉产业化进程中所面临的技术瓶颈和关键难题，对科技成果的转化应用有较深入的研究。教师一旦做足了这些功夫，就能获得相应的实践应用能力，并通过教学活动，在学生的知识结构中搭建一座从抽象到应用的桥梁，打通从理论到实践、从知识到技能的转换通道，从而将学生的兴趣点从理论导向实践，从书本导向社

① 徐明成：《校企合作机制创新研究》，载《教育与职业》，2014 年第 7 期。

② 刘印房：《地方应用型本科高校的教师专业发展刍议》，载《教育与职业》，2012 年第 7 期。

会，使学生的死知识变成活学问，并在实践中丰富阅历，提升实际动手能力。

二是专业指导能力。教师的专业指导能力包括理论指导和实践指导的能力，作为教师实践教学能力的组成要素，这里的专业指导能力主要指实践指导能力，具体而言，就是指导学生实际操作的能力。作为培养应用型人才的教师，熟悉企业生产和管理的各个环节，了解机器设备的性能特点，掌握一定的实际操作技术，是有效指导学生开展实习实训的前提条件。老师是学生实习、实训的参与者和指导者，既能随时解答学生在实习过程中遇到的各种疑惑，又能解决较为复杂的专业技术问题；既能指导学生了解各种仪器设备的性能，又能协助学生熟练掌握设备操作技能；既能帮助学生认识生产工艺和流程的特点，又能指导学生熟悉企业的管理机制和运作方式。

三是科技创新能力。是否具有创业创新能力，是判断是否应用型人才的重要标准。地方本科院校能否培养出有较强的创业创新欲望和能力的人才，很大程度上取决于教师本身是否具备创业创新能力。从实际情况看，学生在校期间依托所学的专业知识创办经济或科技实体，在实干中增长才干，是培养应用型人才最有效的途径。但无论是经验阅历还是专业能力，学生要创业成功，离不开教师的精心指导。这种指导既有技术上的指导，还有思路、措施、管理上的指导。同时这种指导又是独特的、个性化的、根据学生创办实体的具体情况因时因事制宜的指导。这是老师的分内之责。老师只有自身具备较强的科技创新能力，才有可能履行好这一职责。

四是协调管理能力。教师既是授业者，也是管理者。如果把老师比作“牧羊人”的话，过去对学生实行“圈养”，大多数时间都把学生固定在教室里，现在则是“放养”：教师带领学生走向生产建设第一线，顶岗实习，调研走访，以提高学生的实践应用能力。育人模式从“圈养”到“放养”的转变，要求老师具备不同以往的管理能力。老师要善于与企业行业沟通，妥善解决学生实习锻炼的场地问题；要根据企业行业的相关规定，有效约束学生遵规守纪；要积极争取企业高管支持，保证学生实习实训时能够接触企业的先进工艺和技术；要协调解决实习过程中出现的各种矛盾和问题，维护学生的合法权益；要防范和消除各种安全隐患，确保学生实习、实训期间的生命财产安全。对许多地方本科院校的教师来说，这些都是全新的课题，也是现实的挑战。

二、地方本科院校教师实践教学能力缺乏的成因分析

实践教学能力缺失是当前地方本科院校大多数教师的共同特征。很多教师上理论课“头头是道”，讲实践课“理屈词穷”；一些老师课堂驾驭能力较强，组织协调能力不强，不敢或不愿带学生去企业行业实习实训；很多教师科研论文不少，能够转化为实际应用成果的很少；不少教师理论研究能力很强，创业创新能力不强。造成这种状况的原因如下。

一是意识的缺失。从思想观念来看，很多教师并没有真正认识到实践教学的重要性，满足于传统的教学理念和育人模式，其精力和注意力依然集中在学术研究和理论教学上，实践教学能力被当作是细枝末节，不愿或不屑于在这方面花时间费工夫。不少老师把培养学术型人才的学校看成是一流学校，把培养应用型人才的老师看成是二流老师。观念的落后既是表现，也是根源，是影响教师实践教学能力提升的最大障碍。

二是经历的缺失。从地方高校教师队伍的构成看，绝大多数老师来自学术型高校，本科、硕士、博士均攻读专业理论。某地方本科院校的数据显示，专任教师队伍中93%毕业于学术型大学，剩下

的7%大多数是兼职教师。相关行业的历练和专业技能的缺失，致使教师队伍的实践教学能力“先天”不足。这种不足也没有在“后天”得到弥补：由于地方本科院校师资欠缺，一些新进教师来不及去企业行业实习锻炼就直接走上了讲台。所有专任教师中，进入高校后参加过企业或行业实习锻炼的不到30%。

三是本领的缺失。受学历和经历的限制，大多数教师缺乏实践教学的本领。同时由于发展方向不明确，地方本科院校的课程设置和研究方向与地方经济社会发展严重脱节，以当地经济产业和社会文化为对象的应用型研究基本没有开展起来，教师没有提升实践教学能力的平台和机会，他们的知识和能力结构基本处于传统状态，既不能传授学生必要的应用型知识，也无法指导学生将理论运用到实践中去，至于科技创新和组织协调能力更是无从谈起。

四是机制的缺失。从现有评价体制看，长期以来考量教师能力水平的主要尺度是科研能力和学术水平，教师评职称、定待遇，主要依据课题数量、论文质量。受这种导向影响，地方高校习惯于以学术成果论高低，以科研能力论优劣。这种评价机制扼杀了教师由学术型向“双师型”转变的动力，桎梏了教师在实践教学方面的专业发展愿景。时至今日，引导教师提升实践教学能力的机制在很多地方本科院校还没有建立健全。

三、在校企合作中提升教师实践教学能力

校企合作是地方本科院校实现转型发展的重要平台。地方本科院校在制定校企合作方案时，务必把提升教师实践教学能力作为重要内容，统筹考虑，全程跟踪，严格考核，充分发挥校企合作在培养优秀人才、服务地方经济、提升教师实践教学能力的综合作用。

地方本科院校实行校企合作的方式丰富多彩，各具特色。归纳

起来，大致有以下四种方式。其中每一种方式在培养教师实践教学能力上都有不同的侧重和效用。

1. 通过与企业开展科技攻关合作，提升教师的实践应用能力。地方本科院校与企业合作，是基于资源互补，利益共赢。“每一个具体的合作模式就是学校与企业之间基于各自利益考虑所进行博弈的结果。”① 企业需要高校的专业知识，学校需要企业的生产平台。合作的方式之一就是学校与企业联合开展科技攻关。在国家实行供给侧改革的大环境下，企业要不断提高产品质量，必须增加产品的科技含量，淘汰低端过剩的产能，加速产业的升级换代。对许多企业特别是绝大多数地方企业来说，本身并无独立完成这一任务的可能，必须借助地方高校的技术资源，根据市场需要，联合开发新产品、新工艺，共同解决生产过程中的技术问题。对学校来说这是加强科技合作的良机，利用学校技术力量雄厚、专业人才聚集之优势，全方位为企业提供科技服务。可以加强横向课题合作研究，从产品设计、技术创新、市场营销等方面向企业提供技术支持；可以就企业面临的技术难题开展联合攻关，降低企业生产成本，提升企业产品核心竞争力。在与企业开展技术合作过程中，组织学校教师积极参与企业的生产经营活动，参与企业的技术攻关与合作研发，在参与中体现教师的专业价值和社会地位，检验和弥补教师知识和能力结构的缺陷。教师在为企业提供技术服务的过程中，必然要将所学专业知识和专业技能应用于企业具体的生产环节和生产流程，促使他们花更多的精力从事理论成果的应用和转化研究，从而彻底突破原有的知识和能力局限，不断提升实践应用能力。

① 况红：《校企合作是新建地方本科院校办学的必由之路》，载《重庆第二师范学院学报》，2014 年第 5 期。

2. 通过与企业开展培训合作，提升教师的理论指导能力。企业员工的职业和技术素养决定企业的整体发展水平。加强员工培训，提高员工的专业素养，是企业必须承担的责任。而企业本身多为操作型技工，能够从专业知识、企业文化和职业伦理上对员工进行培训的师资十分稀缺。“企业对于高素质人才的需求较为迫切，通过校企合作，能够将职工培训的任务转交给学校，减轻企业的培训压力。”① 地方本科院校的教师，既具备深厚的专业理论知识，又具有教书育人的专业能力，把培训员工的任务交由学校完成，是企业的最佳选择。学校通过为企业培训员工，既可加强与企业的深度联系，还可以增加办学经费，更可以提升学校教师的理论指导能力。学校应尽力促成这种校企合作，多形式开展企业员工培训。培训以短期业务培训为主，辅之以时间较长的少数专业技术培训。学校根据培训内容，组织相关老师参加这类行业培训。员工培训不同于学生培养，培训的内容和方式都要求较强的应用性和指导性。在培训授课前，老师既要对已有的知识进行温习和整理，也要挤时间了解行业的相关情况；培训授课时，教师通过与企业员工交流互动，了解来自生产一线的信息，丰富知识贮备；培训授课后，教师与企事业员工保持联系，拓宽信息来源渠道，提升实践认知。因此，对老师来说，培训员工的过程也是授受并举的过程，一方面老师通过授课，用专业知识去辅导员工，另一方面，教师能接触大量来自生产一线的信息和实情。教师为企业培训员工的过程，就是理论联系实际的过程，通过参与企业培训活动，教师理论研究的应用性指向会更加明确，运用理论指导实践的能力也会明显提升。

3. 通过与企业开展技术转让合作，提升教师的科技创新能力。

---

① 熊维：《高校校企合作办学的困境与出路》，载《社会与管理》，2015 年第 7 期。

地方本科院校具有较强的科研力量，拥有不少有推广应用价值的科技成果。这些成果必须通过某种渠道转化为现实生产力，才能发挥其内在价值。将科研成果转让给企业，是比较直接的一种路径。“把高校的知识创新力转化为企业的核心竞争力”①，既可以体现地方高校为经济社会发展服务的宗旨，又可以将智力成果转化为经济效益。学校通过召开科技成果发布会，邀请企业家和专家到学校参观考察等方式，大力推介学校师生创造的科技成果或发明专利，展示科技成果的应用价值，吸引企业行业的兴趣。对高校教师来说，转让科技成果或发明专利，直接收获是物质利益，间接收获则是提升其科技创新能力。科研成果被企业接受，教师的劳动价值为社会所承认，将进一步激发教师内在的创新意识和科研潜力。在技术转让的后续服务过程中，教师将通过接触更多的技术细节，不断修改和完善技术成果和发明专利，进一步了解企业和行业对科研成果的需求方向，拓宽教学科研相结合的创新思路，提高科技创新的适用性和针对性。在技术转让合作中经受实践锻炼的教师，创新意识、创新思路、创新能力全方位优化，他们不再是书斋里的“学究”，而是培养应用型人才的名师，是引领和指导学生开展科技创新的“导师”。

4. 通过与企业开展订单培养合作，提升教师的协调管理能力。在职业教育序列里，职业学校根据企业订单来培养企业所需技术工人已是校企合作的常见模式。地方本科院校也可以参照职教模式，与企业开展订单培养合作，在学生修习完通识课和专业理论课之后，根据企业对专业人才的需求，与企业签订人才供需合同，制定和实施校企联合培养方案。学校根据人才培养订单，灵活调整课程设置，

---

① 况红：《校企合作是新建地方本科院校办学的必由之路》，载《重庆第二师范学院学报》，2014 年第 5 期。

加重实习实践课程分量，突出培养学生某方面的专业能力和特长，学生毕业后直接到企业就业。这种订单培养的方式，强化了校企对接，既解决了企业高水平专业人才不足的困难，也缓解了地方高校毕业生就业难的矛盾。值得注意的是，地方本科院校与企业开展订单培养合作，不能走职业教育人才培养的老路，必须在培养目标上找到合理的定位，重点为企业培养管理型、综合型、创新型的优秀人才。订单培养模式是校企搭台，教师唱戏，教师始终是开展订单培养合作的主角。除了上好每一堂课之外，还需做好与企业的衔接协调工作，商定订单培养细节，调校教学内容和教学重点；要组织学生到企业实习实训，确保学生在实习实训过程中能接触到关键技术、关键环节，提高学生的实践应用能力；要准确评估订单培养的效果，发现并解决订单培养过程中出现的矛盾和问题，完善订单培养的流程与机制。这些具体而烦琐的工作，既是教师必须完成的任务，也是锻炼教师综合统筹能力的契机，他们在为企业行业培养适用人才的同时，也在有效提升自己的协调管理能力。这恰恰是地方本科院校老师亟须提升的实践教学能力之一。

（本文发表于《湖南科技学院学报》2017 年第 1 期）

论转型背景下地方本科院校师范生的师德培育①

摘　要：地方本科院校关于师范生师德培育已经成为十分重要

① 本文为湖南省教育科学“十三五”规划课题“地方本科院校在乡村老师支持计划中的作为研究——以湖南科技学院为例”（XJK016AFZ001）的阶段性成果。

的课题。本文通过对基础教育需求与地方本科院校服务转型，近年毕业的师范生师德培育差距及其原因等方面探讨和分析，提出地方本科院校师范生师德培育的途径和对策。

关键词： 地方本科院校；师德培育；途径

师德是教师的基本职业道德。本文所讨论的师德培育，附加两个限定词，一个是当下社会转型这个时代现实背景，另一个是地方本科院校所培养的师范生。这与笔者的职业工作，以及近年来的课题调研密切相关，深感在当下社会转型大背景下，师范生师德培育已经成为十分重要的事情。

一、宏观分析：地方师资需求与地方本科院校服务转型

自1999年大学扩招以来，全国新增大约六百多所本科院校，其中三分之二以上是由师范专科学校升格而来。由于受当时经济热的影响，很多院校的专业设置一度跟风，或者贪大求全盲目追风，致使自身原有的强项教育师资专业不断弱化，与当下中小学基础教育师资紧缺的矛盾突出。

1. 地方本科院校发展方向与服务转型。2014年教育部出台文件，要求部分新升本的地方本科院校向培养应用型人才转轨，突出强调要为当地经济社会发展服务。在这一宏观背景下，地方本科院校积极寻找与地方开展服务与合作的切入点和平台，在众多可能中，为地方培养师资成为很多高校服务地方的必选。（1）高等教育与基础教育有着天然的血缘关系，师专升本的高校做大做优师范生培养不过是重操旧业，简便易行，是服务地方的最好接口。（2）当前和今后相当长的时期内，地方教育师资紧缺是一个无法改变的现实，为当地培养师资是地方高校最紧迫和最有价值的服务。（3）相对于工科等学科的转型，培养师资是成本低见效快的转型，而且通过培养优质师资提高基础教育质量，高校最终也是受益者。为地方培养师资必然成为地方本科院校转型发展的重要目标和任务；同时，作为地方基础教育师资的供给方，师范生供给的数量与质量也将成为考量地方本科院校转型发展水平的重要尺度。转型背景下的师范生培养对地方本科院校来说既是机遇也是挑战。

2. 地方本科院校育人目标转型。恢复高考以来，地方基础教育基本周旋在应试教育模式里，近几年才真正开始落实素质教育的育人方针，基础教育的育人目标正由培养高分低能的学生向培养有知识、有能力、有健全人格的学生转轨。这种转轨既有赖于教育体制机制和教学方法的改革，更有赖于教师综合素质的全面更新。同时受多种因素影响，当前基础教育阶段的学生呈现出思想观念多元化、价值追求低俗化、学习动力惰性化、儿童性格孤僻化、师生关系尖锐化等问题，不仅使课堂教学和学生管理难度成倍增加，也使教学和育人效果大打折扣。作为需求方，地方教育对师范生的专业能力和综合素养充满更高的期待。对即将走上讲台的师范生来说，将面临比传统教学更加尖锐的矛盾和更为复杂的问题。

3. 两大转型对师范生的师德修养提出了更高的要求。在转型背景下，学生家长、学校、政府、社会对地方基础教育质量和学生成才标准，都会给予与过去完全不同的期盼，这些期盼最后都将归集到教师特别是新进教师身上。教育目标的调整，育人质量的提升，管理方法的创新，都需要通过提升教师的专业素养来取得突破并获得实际效果。在教师的职业素养中，最具决定性的因素是师德。首先师德对学生全面发展起重要作用。“多方面的相关研究都证实，在学生诸多素质（德、智、体、美、劳）的发展中，教师的师德水平对其影响最大。这主要是因为，学生的道德成长与获得知识和技能有所不同，它更多地依赖于教师的人格力量、示范力量的感染和熏陶，以及学生内心的自我感悟和体验。”① 其次师德对提升教师自身专业能力起决定作用，良好的师德是推动教师不断进取的内生动力。最后师德对构建和谐师生关系起基础作用，良好的师德能够增进老师与学生之间的理解和交流，而和谐的师生关系对学生全面发展至关重要。

二、现实情况：地方本科院校师范生师德培育差距

笔者长期从事基础教育管理工作，一直与教学一线保持联络，最近又因课题开题，对近三年到当地中小学任教和正在顶岗实习的地方本科院校师范生的师德情况作了重点了解。总体印象：这些师范生的师德修养不如老牌师范生；他们中多数人的师德修养难以胜任当前教书育人工作；加强师范生的师德培育已成为高等教育和基础教育必须共同面对的现实问题。当前师范生的师德问题主要有四个方面。

1. 师德认知肤浅。师德认知是教师对教师职业过程中的道德关系及其理论、规范的认识。师范生师德认知肤浅的特点主要表现，一是对教师职业缺乏认同感。笔者去了解本校实习生的情况时，当面询问他们毕业后是否当老师，52 名学生中表示肯定的 22 名，明确表示不想从教的 13 名，其他 17 名学生表示还不确定，实际上实习两个月后还没决定当老师的学生大多数不会选择教师职业了，估计 52 个人毕业后去当老师的不会超 60%。不仅如此，一些已经从教的老师也不安心本职，某县环卫公司公开招聘环卫工人，县城某小学就有三名执教不久的师范生报名，他们宁愿去当环卫工也不愿当教师。二是缺乏职业奉献精神。大多数师范生去实习最害怕分到农村学校，为此不惜托关系找门路安排在县城学校顶岗实习。毕业择业

---

① 傅维利：《简论师德修养》，载《中国教育学刊》，2001 年第 5 期。

时更不愿去乡镇执教，某山区县教师数量严重不足，为了能招进师范生，在招聘公告上承诺可留在城里教书，即使这样报名人数仍然少于招聘人数。三是对与教师职业相关联的伦理规范缺乏了解和思考，把教师职业等同于一般社会行业。很多师范生仅仅把执教当作一种谋生的手段，对教师职业的道德价值缺乏深度认识，因而更多地从经济的角度而不是从精神和道德追求的角度看待教师工作。

2. 师德情感淡薄。师德情感是教师个体在履行教书育人职责时所产生的心理上的情绪反应和内心感受。师德情感是教师对学生最具影响的主观因素。大多数师范生对社会道德生活的关注远不如对娱乐明星的关注，对公众生活中发生的悲剧性事件表现冷漠。在教学活动中缺乏应有的同情和爱心，具体表现为对班级后进生的忽视和冷漠，对农村留守儿童缺少同情和关爱，对过失学生缺乏细心开导和热情帮助，表现为对学生细微情绪变化的失察。师德情感淡薄疏远了师生关系，弱化了教师的责任心，既影响其专业成长，更影响其从教热情。多所基层学校负责人认为，新进师范生受学生欢迎的程度要远远低于老教师。

3. 师德意志软弱。师德意志是教师在实现师德行为的过程中所作出的自觉顽强的努力。“道德都是人类在解决各种冲突中逐渐形成和发展起来的。”① 在价值追求多元化和道德冲突尖锐化的当下，很多师范生的道德意志呈软弱涣散状态，其价值取向极易受外界和他人影响，极少数老师甚至连道德底线都把守不住。在日常教学中，不少师范生不仅声音柔弱，而且正气不足，缺少应有的道德震慑力和感染力，对课堂上发生的冲突束手无策，不能妥善处理各种矛盾纠纷；在强权、强势面前不敢理直气壮维护学生或学校的正当权益。

---

① 傅维利：《简论师德修养》，载《中国教育学刊》，2001 年第 5 期。

有些女老师因无力处置现场矛盾冲突而当场哭泣。这种在现实场景中因师德意志软弱而导致的无原则退让很容易让教师丧失道德自信，最终丧失对学生道德和人格的影响力。

4. 师德能力缺失。师德行为是教师根据教师职业道德要求，在教育教学的过程中所采取的行为。刚由地方院校转入基础教育学校当老师的师范生，表现出师德行为缺失的共性。一方面，他们缺乏实施师德行为的欲望，不愿意与其他同事交流，课堂之外也很少与学生接触，大部分课余时间都消耗在网络世界里。“特立独行”的背后显露其沟通意愿和沟通能力不足的缺陷。“与学生的良好交往有利于教师获得良好的师德情感体验，从而促进道德情感和道德意志的发展。”① 交流沟通的缺失，丧失了间接感知各种道德冲突情境，丰富道德智慧，提升道德行为能力的机会。另一方面，他们缺乏“知行合一”的理念和行动，很多年轻教师既不愿意将基本的道德原则如关心弱势群体、关爱留守儿童、坚持公平公正等付诸行动，带领学生去帮助孤寡老人、残疾人员，也不愿意用师德规范约束自己，其对学生的示范带动作用无从发挥。

三、原因探寻：学校教育与个人修养的反省

师范生在地方教育事业中师德表现不佳，与他们在大学期间接受的培育有直接关系。这里所说的“培育”包括专业教学和环境影响等内容。

1. 师范教育地位下降。很多地方本科院校曾经为当地培养了大批高素质的基础教育师资，升格为本科院校之后，师范教育专业反而被弱化，师范生的招生规模大幅削减，师范教育的定位、学校对

---

① 傅维利：《简论师德修养》，载《中国教育学刊》，2001 年第 5 期。

师范教育的投入都低于学校其他学科和专业，师范教育专业人才的引进力度、师范教育教师培训深造的频率和层次都逊于其他学科。地方本科院校按照教育部的部署向培养应用型人才转型以来，其关注重点集中在工科类专业，师范教育依然没有得到应有的重视。师范教育被“边缘化”，严重影响师范生的培养质量：一是教师的敬业精神衰减，二是学生的学习热情下降，更重要的是无形中让师范生对教师职业失去认同感和自豪感。

2．忽视师范生的师德培养。很多地方本科院校的师范生都分散在各个学院各个专业，除了加修教育学和教育心理学等课程外，其他课程与非师范生并无二致，既缺乏专门的师范生培养计划，更缺乏必要的师德培育课程设置。同时，“许多大学教师不具备教师教育专业背景，缺乏从事教师职业必要的教育理论知识、师范技能技巧以及教育实习经验”。① 培养模式和老师专业素养的不足，使师范生的师德培养缺乏相应的平台和契机，导致他们走出校门、走上讲台时师德修养基本处于“空白”状态，对师德内涵、师德价值、师德规范、师德智慧缺乏基本的了解和把握，更不用说在现实或模拟的道德情境中提升和强化师德修养了。

3．学校和社会环境的负面影响。道德的形成和发展，始终受外在事物和环境的影响。“事实上，外在环境，不管主体是否愿意，是否意识到，都无时不刻不在对主体施加着一定的影响。”② 就师德培育而言，身教远远重于言传。在师范生学习成长的地方本科院校，总有少数教师师德修养差强人意，表现出对职业的冷漠，对个人利益的角逐，对学校和社会的抱怨，对事业缺乏应有的担当等。这类

① 沈顺福:《修养与德性》，载《人文杂志》，2009 年第 5 期。

② 沈顺福:《修养与德性》，载《人文杂志》，2009 年第 5 期。

现象以前也存在于教师队伍中，但范围和程度远不如当下。在缺少有效的正面教育和引导的前提下，无形中对师范生师德培养造成极大的负面影响。同时，地方本科院校在走出“象牙之塔”、实行开门办学的过程中，师范生与各种不良社会风气和道德观念的接触面更宽，机会更多，在他们自身的价值观完全定型之前，很容易被误导，造成理想信念和道德标准的倾斜。

4. 师范生自身修养的缺失。近些年就读于地方本科院校的师范生，绝大多数都是在应试教育的氛围中修完十二年基础教育学业的，在一切围着分数转的教育导向下，他们走进大学校门之时个人道德修养就存在“先天不足”的缺陷。有学者在对大学生群体调研后指出，“大学生同时也表现出主体意识强、集体意识弱的特点，甚至还有相当一部分大学生表现出社会责任感的缺失”。① 社会责任感是个人道德修养的基石，大部分大学生缺乏社会责任感表明大学生道德修养不足并非个案。问题在于，这种缺陷在大学里并没有引起足够的重视和有效的弥补。不少地方本科院校的师范生在学习上缺乏内生动力，专业知识掌握不扎实，对社会正义、良知缺乏认知和坚守，这都是社会责任感缺失的表现。真正的师德是建立在教师的社会责任感之上的，师范生社会责任感的缺失注定了他们走上讲台时师德修养的缺失。如何重建师范生的社会责任意识，并以此为基础形成良好的师德修养，是摆在地方本科院校师范教育面前的关键问题。

四、理论探求：地方本科院校师范生师德培育途径

师德修养和其他道德修养一样，是伴随终身的个体行为。但就

① 赖莹莹：《我国大学教师专业化发展的困境与出路》，载《内蒙古师范大学学报》，2010 年第 7 期。

教师而言，在其走上职业岗位之前，奠定扎实的师德基础并确立正确的努力方向，是至关重要的。地方本科院校有责任和义务，也完全有可能在师范生的师德培养上有所作为。

1. 把握道德修养的一般规律。道德修养有其自身规律性，掌握道德修养的一般规律，有助于师德培育。首先，“道德”是一个由外到内的转化过程。道德由道和德组成，道，指独立于主体之外的行为规范，是约束每一个个体的社会行为规定。“德”在古汉语中是获得的意思。道德“就是外在于主体的东西对主体的输入并因此而产生影响”“使主体接受外部事物并因此而形成一定的品质、标志”。① “道德”就是将外在行为规范内化为个人品质的过程及其结果，它揭示了环境对个人品德的重要影响。其次，“修养”是一个由学习到实践的过程。修养的“修”，意思是装饰、修改；“养”的含义是提供某种养分而促其成长。“修养的意思是利用外在的东西使自己得到改造和完善，并在现实中使其得到成长。”②《论语》首篇说的“学而时习之”，道出了个人修养的基本方法：学习善的学问并不断练习实践。修养的重点在“养”，关键在实践。再次，道德修养不同于其他专业修养，人人皆应为而且可为。如果音乐、美术等专业修养受个体先天禀赋限制的话，道德修养则是每个人都可通过后天努力达到很高境界的活动，正如孟子所说“人人皆可为尧舜”。影响个人道德修养的是外在环境，成就个人道德修养的是主观努力。

2. 确定师德培养的基本路径。加强师范生的师德培养要遵循一般道德修养的内在规律，采取科学的方法和措施确保取得预期效果。（1）加强师范生的一般性道德培养。师德作为一般性道德的分支，

---

① 沈顺福：《修养与德性》，载《人文杂志》，2009 年第 5 期。

② 沈顺福：《修养与德性》，载《人文杂志》，2009 年第 5 期。

受个人一般道德水平的影响和制约。地方本科院校要把师范生道德教育作为学校德育工作重点来抓，努力使社会主义核心价值观和中华民族优秀传统伦理规范内化为师范生的道德品质和行为习惯，切实增强师范生的社会责任感和奉献精神。（2）制定师德发展规划。学校和师范生个人都要制定科学适用的师德发展规划，并纳入学校和个人事业发展的总体规划之中予以强调。师范生个人和学校的师德发展规划要相互衔接，相互增益。（3）强化师德理论学习。师德作为与教师职业相融合的一种道德规范，有其特定的专业性和特殊性，只有通过充分的师德专业理论教学，才能使师范生掌握教师的基本道德原则和规范，掌握处理特定道德情境矛盾冲突的方法。（4）突出实践性教学。师德修养的实践性特点要求地方本科院校在师德教学中必须密切联系实际。适当减少理论教学活动，将师德教学现场搬到地方学校去，让师范生与中小学师生多接触，多交流；或有计划地安排师范生去中小学校旁听；或请实践经验丰富的教师来教给师范生授课或开办讲座，“在见习和互助交流、听课学习的过程中用心体会优秀教师的‘教外之意’，感受名师言谈举止间的修养”①。同时安排大三大四的师范生给班上同学讲课，使其尽早体验现实教学情境，积累处理各种道德冲突的方法与智慧。

3. 加强优秀传统文化教育。中国传统文化特别强调修身。对师范生来说，学习传统优秀的民族道德文化，既是熏陶又是传承，地方本科院校应当高度重视师范生的传统文化教育。一方面要重视优秀传统道德思想的传授，其中包含许多做人和为师的道德规范，有助于培养师范生家国天下的社会责任感和公正博爱的道德情怀；另一方面要注重修身方法的传授，特别要让师范生掌握内省、慎独、

① 黎建国：《试论师德修养在教学中的重要性》，载《赤子》，2015 年第 9 期。

克己、笃行四种修身的“法门”，这也是传统文化的精髓。掌握了正确的修身方法，无论什么时候什么场合，都能提升师德修养，展现教师的人格魅力。

4. 优化地方高校育人环境。对师范生的师德培养来说，一个充满正义、良知和正能量的学习环境胜过任何理论教学。地方本科院校务必强化校风、教风建设，努力营造和谐友好的人际环境，公平公正的利益环境，积极进取的工作环境。教师是知识的传授者，更是学生道德修养最直接的影响者，从某种程度上讲，抓教师的师德修养就是抓师范生的道德培养。对教师有违师德的不当言行必须严肃处理并公开曝光，防止学生默认并内化为师德规范；对爱岗敬业、关爱学生、乐于奉献的教师要大力表彰，以强化师范生的师德信念和道德原则。

5. 用好实习锻炼的机遇。实习是师范生走出校门转换角色之前的最后一门功课，对他们的专业成长和师德培育都十分重要。目前地方本科院校普遍存在对实习重视不够、实习时间过短、效果不显的问题，实习活动对师范生专业和师德培养的作用没有得到充分发挥。一是解决实习时间过短的问题。应当将师范生的实习时间延长到一个学期以上，同时可考虑将实习时间前移，实习结束后再上一学期课，让学生带着实习时碰到的问题和困惑来学习，效果会更好。二是解决好高校与地方学校衔接不紧、配合不够的问题。地方本科院校应当与师范生实习学校共同制定实习计划和实施实习方案，加强实习期间的指导和管理，实习学校不仅要明确老教师进行传帮带，还要经常组织优秀教师开展听课和评课。三是对师范生实习效果作出正确的评估。通过评估促进实习制度和机制的完善，使每一个实习生了解自己的优点和不足。对专业能力和师德水平还不能胜任教学的师范生，应适当延长实习期限并进行重点指导。真正使实习成为师范生感知师德情境，培养师德情感，提升师德智慧，强化师德意志的重要平台。

五、结论：地方本科院校要为地方培养德才兼备的师资

2015 年，国务院办公厅颁布了“乡村教师支持计划”，旨在加强边远贫困地区乡村教师队伍建设，缩小城乡师资水平差距。地方本科院校可以发挥贴近地方和师范教育的传统优势，在支持乡村教师计划中有所作为，为破解基础教育师资短缺的矛盾作出贡献。与专门的师范院校相比，地方本科院校师范生的综合素质有明显的差距，即使前身是师范专科学校的地方本科院校，经过多年的变迁，其师范教育的传统优势也成了隐性优势甚至弱势。将隐性优势转化为显性优势，将弱势提升为强势，是地方本科院校必须面对和解决的问题。对接地方基础教育师资的需求标准，遵循教育发展的内在规律和新时期人才培养的基本要求，重新制定师资培养战略，完善师范生培养方案，突出师德培养在师范教育中的重要地位，建设一支高质量的师范教育师资队伍，地方本科院校就一定能在“乡村教师支持计划”中发挥不可替代的作用。

地方本科院校转型发展的误区与防范

摘　要：地方本科院校转型发展是一次“破茧成蝶”的重生，必须谋定而后动。本文针对部分高校在转型发展过程中出现的一些现象，提出高校转型必须防止四种失误：在教学设计上，不能只强调学生的实践操作能力而忽视学生的专业理论基础；在育人内涵上，不能只重视提升学生的专业技能而忽视学生的人格锤炼；在学科建设上，不能只偏重理工科的转型而忽视其他学科与社会需求的对接；

在管理手段上，不能只运用行政权力来推动转型而忽略使用综合管理的手段来保障转型。

关键词：地方本科院校；转型发展；教学设计；育人内涵；学科建设；管理手段

2014 年初，国务院常务会议作出“引导部分普通本科高校向应用技术型高校转型”的战略部署后，紧接着教育部提出要推动 1999 年以后新建的六百多所地方本科院校实行转型，普通高校向应用型转轨的序幕正式拉开。这两年，各地方本科院校积极响应国务院号召，按照教育部的要求制定转型发展的方案和路线图，力争在这一轮转型调整中抢占先机，获得主动。很多专家学者也就如何做好转型进行了广泛深入的研究，提出了许多有价值的意见和建议。

地方本科院校向应用型高校转型，是新时期高等教育发展的重大系统工程，必须“谋定而后动”。从宏观层面上讲，在坚持“示范引领，试点先行”的前提下，严格遵循高等教育发展规律和人才成长规律，充分考虑地方本科院校自身优势和所在地区经济社会发展特点，做好特色鲜明、切实可行的顶层设计，努力整合学校、企业行业、地方政府和社会的力量，最终实现科学转型的目标。从近些年一些地方本科院校转型的实际看，在操作层面上也出现了一些不尽如人意之处：有的急功近利、急于求成，有的矫枉过正、左右摇摆，有的路径模糊、来回折腾。结果既浪费人力物力，又丧失机会机遇；既影响转型进程，又弱化转型信心。笔者认为，在地方高校转型发展工作中，有四种带普遍性的失误，值得高度警觉和防范。

一、在教学设置上，防止重实践教学轻理论教学

地方本科院校向应用型高校转轨，到底转向何处，如何转，这

是一个决定转型能否成功的关键问题。受根深蒂固的传统高校办学理念的影响，很多高校教师和管理者对这个问题的理解仍然含混不清。一种比较有代表性的观点，就是简单地认为地方本科院校转型就是由学术型转向职教型，主要职能就是培养能熟练操作机器设备的技术工人，实现转型发展的路径就是产教融合、校企联合，地方本科院校培养出来的学生能掌握一至两门实用技术，就完成了应用型人才培养目标。这种观点势必误导应用型高校发展的目标定位，将地方本科院校转型发展引入歧途，必须加以廓清。

从我国高等教育人才培养的布局来看，高等学校可分为研究型大学、应用型大学和高职院校。研究型大学以培养研究型人才为主，主要进行基础理论和前沿科学研究；高职院校主要培养技能型人才和高素质劳动者，有熟练操作先进生产设备的技能，能够改进生产工艺，提高生产效率。而应用型大学培养的应用型人才介于研究型和技能型之间。“应用型人才不仅仅停留在技术层面，而是能够充分适应日新月异变化，具备解决所遇到的实际问题的能力，对现存的知识进行改造、不断地适应新情境的人才。”① 应用型人才不是高职院校培养目标的重叠，应用型人才除了具备较强的实践能力外，还能掌握本行业、本专业的基本理论和发展趋势，具备转化先进科技成果和突破现有技术水平的创新能力。地方本科院校只有把转型目标定位在培养应用型人才上，才能获得自己的生存和发展空间，进而找到自身存在的合理性。

基于这一定位，地方本科院校在转型发展中必须防止从一个极端走向另一个极端，即从过去的重理论轻实践滑向重实践轻理论。

---

① 王洋、王欣：《应用型高校培养人才的路径研究》，载《长春大学学报》，2015年第2期。

培养应用型人才必须理论与实践并重。与研究型大学培养的学术型人才比，应用型人才的理论水平和科研能力相对较弱，但实践经验和动手能力则略胜一筹；与高职院校培养的技能型人才比，应用型人才在实际操作能力上可能有所不足，但在基础知识和专业理论上更有造诣。应用型、学术型和技能型三类人才相辅相成，错位发展，构成中国特色人才队伍新常态。普通高校包括新升格的地方本科院校，一直沿用研究型人才培养模式，从学科建设到课程设置，都强调学生的“理论知识”，忽视地方经济社会发展所需的专业技能，导致培养出来的人才与社会需求严重脱节。地方本科院校之所以“转型”，旨在打破这种育人模式，真正发挥为地方培养应用型人才的职能。但“转型”不是大幅度削减理论课程，如果轻视学生基础和专业理论知识的授受，不仅培养不出真正的应用型人才，还会形成地方本科院校与高职院校争资源、争市场的乱局，产生“应用型”人才培养的空档，影响不同层次人才的有序衔接。

地方本科院校要从实际情况出发，根据地方对人才需求的特点，科学设定教学方案。在加大实践教学比重、增强学生实践动手能力的同时，保证学生理论修习的课时。在倡导学生积极参加企业和社会实践的同时，鼓励和引导学生加强理论学习，打牢理论基础。在重视培养学生实际操作能力的同时，注重培养学生理论联系实际、运用专业理论指导实践的能力。

二、在育人内涵上，防止重专业技能轻人格锤炼

地方本科院校要从培养学术型人才转到培养应用型人才上来，育人目标有了本质改变。“应用型人才”是一个内涵丰富的概念，具备较强的实践动手能力是其中应有之义。重视和强化学生的专业技能锻炼，弥补多年来高等教育存在的“短板”，是地方本科院校转型

发展的方向和重点。但这并不意味“能力”可以代替一切，“重点”可以代替“全部”。改革开放后，为了消除“知识无用论”的影响，把知识的重要性抬升了无以复加的地步，完全忽视了学生能力的培养，导致出现一大批高分低能的“人才”。现在在培养应用型人才的过程中，又出现了重视能力培养忽视人格培养的态势，“以偏概全”的惯性思维又在潜移默化地发生影响。特别需要注意的是，近些年进入高校的学生，绝大多数都是在应试教育的氛围中成长起来的，他们在接受基础教育的过程中人格教育基本上是缺失的，高校是他们走进社会之前获得人格教育的最后一次机会，地方本科院校有责任和义务强化学生的人格教育和锤炼，真正使他们成为既有专业能力又有健全人格的人才。

从人才成长规律看，健全人格是应用型人才的“魂”。健全的人格至少包含强烈的社会责任感、进取精神和团队协作意识。去年有学者在调查300多名大学生后得出结论：“大学生同时也表现出主体意识强、集体意识弱的特点，甚至还有相当一部分大学生表现出社会责任感缺失。”① 一个社会责任感缺失的人，即使专业技能再强，都难以奉献社会、成就自己。强烈的进取心是健全人格的另一基本素质，比掌握一技之长更为重要。进取心是人的内在动力之源，具有进取心的人，不会满足于掌握基本技能而是追求卓越和创新，不仅能享受成功，也能承受挫折和失败。缺乏进取精神的人即使眼前很出色，也不会走多远，当下是人才，最终也会变成庸才。至于团队协作意识更是新时期“人才”的基本内涵。社会分工和学科专业的精细化，使跨行业跨专业的合作成为创业的必需和常态，没有合

① 周翠娇：《当代大学生社会责任感现状调查与分析》，载《当代教育论坛》，2015年第3期。

作就没有创新和成功。而现代信息技术的发展，虚拟的网络世界把众多学生封闭在个人的狭小天地之中，他们的自我意识极度膨胀，团队意识极度淡薄，与他人沟通交往的欲望和能力逐步丧失。我们在一些用人单位调研时，这是反映最集中最普遍的问题。

学生健康人格的培养，不能寄希望于他们走向社会后再进行。大学时光是人格塑造的重要时期，大学校园是人格教育的最佳场所。地方本科院校应把学生人格培养列入总体培养计划，认真加以实施。通过学生喜闻乐见、入脑入心的方式，把社会主义核心价值观和优秀传统文化融入日常教学和班级活动之中，培养高尚情操，提升人文素养。加大学生身边励志典型的宣传，强化学生自强不息、勇于创新、永不言弃的进取精神。坚持开门办学的方针，组织学生参加各种有益身心的社会活动，在活动中提高学生的组织协调能力。加强学风教风综合整治，把学生的注意力从虚拟世界引导到现实生活和社会实践中来。改革传统的教学模式，给学生提供更多展示才能、发表意见的平台和机会，增强学生自我表现的欲望和能力。

三、在学科建设上，防止重理工科轻其他学科

升格后的地方本科院校学科门类比较齐全，转型转什么，是一个重要而敏感的问题。从一些学校出台的转型方案和一些专家发表的观点看，基本上都把地方本科院校的转型定位在理工科，有所不同的是，有的认为应举全校之力重点建设理工科，其他学科与转型无关；有的则把理工科以外的学科作为转型的配角，方便的时候推动一下。笔者认为，地方本科院校向应用型高校转型，是一次人才培养战略的大调整，既不是权宜之计，也不是“单兵突进”，每一个学科、每一门专业都需要走转型发展之路。如果把转型发展局限于少数几个学科和专业，最终会把高校转型弄成“夹生饭”。

从助推地方经济发展的角度来看，理工科的相关专业自然在地方高校转型发展中首当其冲，这些专业的转型更直接，更容易出成效，从某些方面讲，转型的条件也更充分一些。那些理工科的学生，在夯实理论基本功的前提下，再掌握一定的实际操作本领，就可以直接投身到生产一线中去建功立业。但是，其他学科专业也存在人才培养与社会需求严重脱节甚至错位的现象，也需要借转型之机改革办学思路，为地方培养适销对路的优秀人才。以师范教育为例，很多地方本科院校的前身都是高等师范专科学校，是为地方基础教育培养师资的重要基地，培养出来的教师深受地方学校欢迎。升本以后，学科专业五花八门，师范专业退居次要，高等教育与基础教育“老死不相往来”，培养出来的本科师范生其专业水平、职业素养都不如当年的专科生。他们不了解基础教育的教学改革，不了解中小学生特别是留守儿童的性格特点和情感需求，大多数老师的备课能力、表达能力和沟通能力以及敬业精神都难以适应教学需要。教育大计，教师为本。为地方基础教育培养优秀师资，应该是地方本科院校最重要、最紧迫的责任和义务。基础教育出了问题，必然动摇高等教育的根基。从这个角度来说，师范教育专业的转型比理工科的转型更值得我们努力和期待。

地方本科院校的转型发展，应当秉承为地方经济社会发展服务这个宗旨，推动各学科有序转到培养应用型人才的轨道上来。在全面了解社会对人才需求特点的基础上，确立应用型人才培养的具体目标、路径和要求，明确优先转型的重点学科。优先转型学科的确定不宜以是否理工科为依据，而应当以是否地方经济社会发展急需为依据，防止以“转型”之名行“重工轻文”之实。地方本科院校有责任也有条件承担培养社科专业人才、提高全体学生人文素养的历史重任，通过不断完善学科建设和人才培养方案，建立健全学生跨学科、跨专业修习机制，打通课程壁垒，完善选修课程设置，给学生提供更多的自主选择课程的机会和权利，鼓励和引导理工科学生修习文科课程，如哲学、历史、语言文学、艺术、美学等，不断扩大学生的知识面，提升学生的形象气质和人格魅力，丰富学生的创新创业灵感。

四、在管理方式上，防止重行政命令轻综合管理

地方本科院校转型发展任务艰巨，矛盾复杂，要保证转型发展的正确方向，突破转型过程中的重重困难，没有强有力的令行禁止、步调一致的行政推动是不行的。充分发挥学校党委和行政总揽全局、协调各方的职能，运用强有力的行政手段推动各项方针政策的落实，才能实现转型发展的目标。但是，转型发展事关全局、集体和个人的利益，涉及思想观念、教学理念、体制机制、培养模式和方法等方面的改革，仅有强有力的行政推动远远不够，而且过分依赖行政权力还会造成部分教职员工的心理逆反和阻力反弹。全国解放前夕，面对错综复杂、百废待兴的局面，毛泽东同志在党的七届二中全会上曾要求各级领导干部要学会弹钢琴。弹钢琴的特点就是突出重点，兼顾全面，运用到实际工作上来就是实施综合管理。在地方本科院校转型发展工作中，必须运用综合管理手段，在用足用好行政推动力的同时，充分调动方方面面的积极性和主动性，形成强大的工作合力。防止以领导个人意志代替民意，以行政命令代替综合管理。笔者认为，实行综合管理，重点是做到“四个一”。

一是营造一个好氛围。面向学校全体师生，利用各种媒介，加大对地方高校转型发展政策的解读，全面宣传转型发展的重要性和紧迫性，让广大师生了解转型发展的重要意义，使转型发展成为师生的共同意愿和自觉行动，由“要我转”变为“我要转”。大力表

彰学校转型发展的先进典型，做大正能量，提高认同感。组织各种形式的座谈、讲座、报告会、讨论会，让更多的人听转型、想转型、谋转型，在讨论中加深理解，在争论中达成共识。二是制定一套好方案。地方本科院校转型发展不能“脚踩西瓜皮，滑到哪里算哪里”，制定科学的切实可行的工作方案，是转型发展的基础。制定出来的方案既要符合本校实际，又能契合当地经济社会发展特点；既要考虑学校全局利益，也能兼顾师生个人利益；“既要考虑当前发展的需要，又要留足未来发展的空间”①；既有明确的阶段性目标，又有各个环节、各个方面、各个阶段的有机衔接。三是建设一支好队伍。再好的转型发展方案，都需要人去执行落实。在推进转型发展工作中，建设一支懂专业、有事业、能敬业的教师队伍至关重要。培养应用型人才，需要一大批既有扎实理论功底又有实践教学能力的教师。“建设一支应用型与学术型相统一、结构合理、高水平的教师队伍，需要有建设方式与建设途径的有力支撑”②。通过校企合作选送老师去企业行业挂职锻炼等方式，丰富教师阅历，提升实践教学能力；通过引进专业实践教师、聘请兼职教师等方式，改善教师队伍的知识结构和能力结构；通过政策引导和利益驱动等方式，鼓励教师参与创业创新，在实践中积累经验，强化管理能力。四是建立一套好机制。地方本科院校转型发展是一次深层次的改革，遇到的困难和阻力是不难想象的。一套好的机制，胜过一大摞文件。科学的决策机制，有效的工作落实机制，敏捷的问题反馈机制，严格的责任追究机制，都是转型发展的有力保障。其中建立职责明确、处罚严格的问责机制尤为重要，强化工作问责，把推进转型发展的

① 陈永斌：《地方本科院校转型发展之困境与策略》，载《中国高教研究》，2014年第11期。

② 楼军江：《应用型高校发展路径探析》，载《教育发展研究》，2010年第13期。

责任与压力层层传导到各级领导和部门，传导到基层单位和每一个教职员工，是最有效的管理手段。

（本文发表于《当代教育论坛》2016 年第 6 期）

高校管理供给侧结构性改革探析①

摘　要：高校作为国家高层次人才和高水平科技成果的重要供给基地，在经济供给侧结构改革中承载着重要使命，通过高校管理供给侧改革，强化供给与需求的契合度，提升人才和科技供给的质量，是我国经济发展新常态赋予高校刻不容缓的历史责任。高校管理供给侧改革要始终坚持提高供给质量这个基本价值取向，以创新为引领，以人才为根本，以激活要素为手段，确保高校改革发展不偏离经济供给侧改革的方向，主动助推经济发展新常态。推进高校管理供给侧改革，应当以全新的教育理念做引领，以课程和专业结构调整为切入点，以教师队伍建设为抓手，以提升科研能力为内涵。最终以管理的创新推动高校教育事业的创新。

关键词：供给侧改革；高校管理；课题

经济供给侧结构性改革，作为把握引领我国经济新常态的重要手段，尽管其内涵首先是经济学意义上的，但由于经济在社会发展中的基础性作用，供给侧改革也注定要跨越经济学的范畴而赋予教

① 本文系湖南省教育科学“十三五”规划重点课题《地方本科院校在乡村教师支持计划中的作为研究》（XJK016AFZ001）的研究成果。

育新的职责与使命。2015 年 12 月 13 日，中国社会科学院副院长蔡昉在《上海证券报》发文指出："供给侧改革要求教育体制改革突破。"① 作为直接为经济社会发展提供人才和科技供给的重要基地，高校主动呼应经济供给侧改革，实施管理供给侧改革，既是当务之急，也是长远之计。只有充分认识高校管理供给侧改革的重要性和紧迫性，明确改革的基本取向，确立改革的主要路径，才能确保高校管理供给侧改革取得预期效果。

一、高校管理供给侧改革刻不容缓、势在必行

供给侧管理和需求侧管理，是高校管理的两种基本方式。需求侧管理，重在解决高校人才培养总量和专业类型分布总量的问题，以满足人民群众对高等教育日益增长的需要。供给侧管理，重在解决高校社会供给的质量和结构性问题，提升高校为社会提供适销"产品"的能力。改革开放以来，高校始终瞄准社会需求，不断扩大办学规模，较好地解决高等教育资源不足的矛盾。但随着人们生活水平的提高，社会对高等教育的需求不再是规模和数量的需求，而呈现出结构性和选择性需求，要求高校提供更加优质和更加适切的教育供给，高校必须因势利导将管理重点从需求侧转移到供给侧。"供给侧改革即侧重、偏重供给方面的改革，通过改革使供给方面更加优化，达到提高供给体系质量和效率，更能满足需求。因此，它不是否定需求，而是达到供给与需求的有效平衡。"② 从供给侧改革入手，达成有效率的供需平衡，已成为高校管理迫切需要解决的

---

① 乔春华：《供给侧改革与高等教育发展》，载《淮北师范大学学报（哲学社会科学版）》，2016 年第 4 期。

② 乔春华：《供给侧改革与高等教育发展》，载《淮北师范大学学报（哲学社会科学版）》，2016 年第 2 期。

问题。

1. 高等教育供给侧与需求侧严重脱节

高等教育供给与需求脱节集中表现为高校所提供的教育“产品”与社会需求严重脱节，主要体现在两个方面。一方面是高等教育与家庭需求严重脱节，高校不能满足人民群众对优质高等教育资源的需求，越来越多的家庭选择送子女到国外和境外高等学府求学。据教育部资料统计，2015 年中国出国留学总人数达 52.37 万人，比 2014 年增长 13.9%。① 另一方面是高校提供的教育“产品”并不契合社会需求，要么是总量过剩，要么是专业和能力不匹配。据 2010 年麦肯锡公司发布的人才蓝皮书《中国人才发展报告》中披露：中国高校毕业生知识丰富，可是这些来自高校学历教育的知识储备，在实际工作中却几乎都派不上用场。中国大学生的知识储备与实际工作需要之间的差距很大，只有 10% 符合跨国公司的人才要求。② 在麦肯锡报告 6 年之后的 2016 年，由中国科学研究院主编的中国人才发展报告依然显示，只有 13% 的毕业生具备坚持从事本行业所需要的实际能力，这一数值不仅远远低于北美地区的 28%，也达不到全球平均水平的 17%。③ 另据中国青年报社会调查中心对全国 1044 家用人单位的就业情况调查结果，“所学非所用”是应聘单位拒绝录用高校毕业生的主要原因，其 51.7% 的比例占到高校毕业生未被录用因素的第一位；其次是专业技能水平低，占 43.3%。④

① 金保华、刘晓洁：《高等教育供给侧结构性改革的理论逻辑与实践路径》，载《教育与经济》，2016 年第 6 期。

② 袁祥花：《高校教育与社会需求脱节问题的思考》，载《产业与科技论坛》，2012 年第 11 卷第 19 期。

③ 豆丁网：2016 年中国人才趋势报告。

④ 袁祥花：《高校教育与社会需求脱节问题的思考》，载《产业与科技论坛》，2012 年第 19 期。

从上述数据不难发现，高校教学内容陈旧，专业设置与现实脱节，毕业生综合能力低下，既导致大学生对我国高等教育缺乏质量自信，也导致高校培养的人才形成结构性的滞销和积压，造成原本稀缺的教育资源严重浪费，高校在经济社会发展中的引领作用越来越弱。一方面是我国高校毕业生就业难，毕业即失业越来越成为严重的社会问题；另一方面，社会却在呼唤着人才，渴望着人才。随着李克强总理所倡导的“中国智造”而引发的中国制造业的产业升级换代，企业比以往任何时候都更迫切地需要引进优秀大学毕业生，在关键设备、核心技术、高端产品的技术研发上，高层次人才尤为奇缺，一些核心技术仍然依赖于从国外引进。一些有大量挖潜革新需求的企业，原本可以吸纳大量的高校毕业生就业，却无法得到高校的有效供给，造成我国因高校人才供给能力不足而产生大量的“需求外溢”和人才的严重外流。事实证明，导致人才供需脱节和结构错位，根源在高校；改革传统的人才培养机制，实现新的高水平的供需平衡，责任在高校。

2. 经济供给侧改革呼唤高校提供有效供给

高等教育供给侧与社会需求严重脱节的问题，归根结底是高校有效供给缺失的问题。高校有效供给的缺失，又严重制约经济供给侧结构性改革的进程，经济供给侧改革迫切需要高校提高和扩大有效供给。在某种程度上可以说，高校的有效供给决定经济供给侧结构性改革的成败。胡鞍钢在分析我国劳动力供给时指出，从 2010 年起，中国进入人口红利下降期，“人口”红利已经消失。但是从劳动力质量来看，我国的教育发展大大提高劳动力的质量。“我国的劳动力市场进入‘教育红利期’，‘教育红利’大大抵消了‘人口’红利下降的影响。”① 教育红利生成之本就是高素质的人才队伍，是千百万拥有创新意识和创造能力的劳动者。加快由人口红利向教育红利的转化，关键在高等教育，希望在高等院校，没有高校提供高质量的人才供给，教育红利将难以为继甚至无法生成。此外，“高等教育还要向社会提供高质量的科研产品、高水平的决策咨询和先进的文化服务”。② 人才、科研成果和服务供给，是高校参与经济供给侧改革的主要方式，其有效供给的力度决定经济供给侧改革的进度，供给质量的高度决定经济供给侧改革的程度。

对高校来说，如何从供给侧改革的视域来考察、把握和发展高校人才培养的宗旨、维度和内涵，满足经济供给侧改革对人才、科技和服务的需求，无疑是一种巨大的压力。但外因必须通过内因起作用，要化解来自经济供给侧改革的外部压力，将压力转化为提升高校有效供给的强大动力，必须回归到高等教育的话语体系和高校自己的发展语境，既瞄准社会对人才和科技的需求特点，又遵循高等教育规律和人才成长规律；既呼应经济供给侧改革大局，又保持高等教育的相对独立性和系统性。只有如此，高校才有可能完成为经济供给侧改革提供有效供给的任务，并以此为契机实现自身的长足发展。

3. 高校管理供给侧改革是实现有效供给的必由之路

客观地说，每一个时代，都有属于自己时代的教育。经济新常态时代的到来，为我们思考中国的教育提供了新的视角与可能。经济供给侧改革，为高校管理带来了新的问题域。一方面，这一问题域将激活高校原有的教育运转体系，从一个新的视域决定中国教育

---

① 胡鞍钢：《供给侧结构性改革》，载《清华大学学报（哲学社会科学版）》，2016年第2期。

② 李玉华：《我国高等教育供给侧改革研究》，载《教育探索》，2016年第5期。

的未来走向；另一方面，这种追踪社会经济发展的前沿意识，也将使高校管理具备真正的时代特色。在现有的社会条件下，高校需要完成为经济供给侧改革提供有效供给的任务，不能寄希望于优质教育资源的大幅增加，而在于高校现有资源要素的再配置，在于内在活力的再激发，在于办学效益的再提高。而这些最终都归结于高校管理的大改革，使高校管理的重点真正从过去的需求侧转到供给侧上面来，确保高校管理改革与经济供给侧改革同频共振、相得益彰。如果高校仍然满足于以往头痛医头、脚痛医脚的“碎片化”改革模式，将主要精力和有限资源花在解决个别具体问题上，势必丧失高校在经济供给侧改革中的服务功能和主体地位。只有提高高校改革站位，运用系统性思维方法，建立健全面向经济供给侧改革的高校管理体制；用管理体制改革总揽学科专业体系、人才培养模式、课程体系和教学模式的改革，加快管理模式由需求侧向供给侧转型步伐，才能实现高校为经济供给侧改革提供有效供给的目标。在这个意义上，与其说经济供给侧改革呼唤高校提供有效供给，不如说经济供给侧改革呼唤高校管理供给侧改革。高校是大力推进管理改革还是继续故步自封，是革新自强还是安于现状，不仅关乎高校“生存还是毁灭”，更关乎国家经济社会发展大局。高校只有突破长期徘徊其中的需求侧闭环，在经济供给侧改革语境中作出正确而迅速的抉择，做好管理供给侧改革的顶层设计，确定改革的重点和基本取向，最终以管理的突破带动社会供给质量的突破。

二、提供优质供给是高校管理供给侧改革的基本取向

供给侧改革视角下的高校管理改革，其侧重点在学校的供给端，其目标是提高社会供给质量，其手段是破解制约高校供给质量的瓶颈和障碍。正是在这个意义上，我们将高校管理改革明确为高校管

理供给侧改革。高校管理改革必须紧紧抓住“供给”这个关键词，围绕提升供给质量这个总命题，科学设计高校改革的总体方案和配套措施，以管理供给侧改革保障供给质量不断提高。在经济领域，供给侧主要包含五要素，即劳动力、土地与自然资源，资本、制度和创新，围绕这五个方面的改革构成了经济供给侧改革的主要内容。就高校而言，管理供给侧改革应当紧紧围绕创新、人才和资源要素三个方面精准发力。

1. 把握创新这个主题

创新是高校改革发展的动力，是破解高校发展难题的重要手段，也是提升供给质量的唯一路径，没有创新，就突破不了旧的人才培养模式和科研思维模式，也无法更新高校发展大局。创新是高校供给侧改革必须把牢的主题。首先，从高校自身来看，一方面随着我国经济技术的进步，高校已经成为国家经济发展的重要驱动和知识传播的策源地；另一方面社会新领域、新职能的出现，也促使高校发展必须顺势而变，趁势而为，高校要想在立足教育本位的同时适应这种变革，只有牢牢抓住创新主题，才能以所形成的创新架构来获得更多的创新驱动，以适应经济新常态对人才、科技的新标准、新要求。其次，从高等教育内涵来看，自 2015 年李克强总理在政府工作报告中提出“大众创业、万众创新”之后，各行各业创新活力迸发，创新成果泉涌。在这一背景下，高校迫切需要建立起具有自身特色的培育和催生经济社会发展新动力的知识人才力量支撑体系，这种体系的构建单靠过去的传统做法已然不合时宜，需要以更加开放的姿态主动与世界发展潮流接轨，进而建立起具有中国特色、引领中国教育发展的管理体制机制，这既是高等教育自身发展逻辑，也是高等教育引领经济社会发展的重要标志和必然要求。最后，从社会需求来看，创新是对高校以往那种闭门造车的育人机制、脱离实际的科研机制和自说自话的服务机制的反思与突破。如果高校改革不能抓住创新这个主题，那么就无法捕捉创新社会对人才、科技和服务需求的特点，也就必然导致高校专业和课程设置的调整不能有效化解供需错位或教育“产能”过剩的积疴。

2. 抓住人才这个根本

培养人才是高校最根本的任务，是高校之于社会最大的责任，也是高校之于社会最重要的供给。高校的一切工作都要围绕人才培养来展开和推进。客观来看，我国虽然具备了世界上规模最大的教育体系，却并不是人力资源强国。尽管我国高等教育的发展为建设创新型国家奠定了坚实的基础，但高校人才培养成效与高校在国民经济中的地位和责任还很不相称，这种不相称集中体现在人才质量的落差上。从人才需求与供给的实际看，当前对人才“量”的需求已基本达到饱和状态，而人才供给与社会需求的契合度还不高，特别是高层次创新人才的强烈需求还远远无法满足，我国科技创新人才缺乏的短板效应十分突出。因此，高校管理供给侧改革必须牢牢抓住人才这个根本，把创新人才培养模式作为改革的核心任务，着力实现人才培养的三个转变：一是转变重培养轻适用的思维模式，提高人才培养的适切性，面向经济发展新常态，扩大高校人才的有效供给，特别要注重培养经济社会发展急需的高端人才或特殊专业人才；二是转变重专业技能轻人文素养的培养理念，注重加强人才的人文教育，强化人才的人文素养，从根本上提高人才的普适能力和创新能力，减少人力资源的浪费；三是转变重知识传授轻实践能力的育人方式。高等教育分类发展和特色发展已成不可逆转之势，对绝大多数面向经济建设主战场的高校来说，加快转型发展、培养实用型人才是其必然选择。

3. 激活要素这个关键

无论经济供给侧结构改革还是高校管理供给侧改革，关注的重点都在供给端的要素上，经济改革的重点在要素市场，高校管理改革也聚焦于要素之上。激活资源要素，是提高高等学校的供给质量和办学效率的关键之举。

通过分析许多高校办学困难的成因可以看出，社会供给不足与高校资源要素利用率不高形成互为因果的关系。供给渠道不畅造成高校大量珍贵资源闲置浪费，优质教师资源、先进的仪器设备和众多的科技成果被禁锢在狭小的校园空间，无法转化为满足社会急需的有效供给，导致高校诸多要素价值模糊，活力丧失。这种状况反过来又严重影响高校的人才培养质量、科技创新水平和社会服务功能，造成更多的“产品”积压和资源浪费。破解当前高校办学困局的切入点在于激活要素存量，方式在于优化要素配置。高等教育供给侧改革“旨在充分发挥资源要素在高校办学中的利用率与生产率，有利于指导高校扩宽集资渠道，提高经费管理水平，使有限的投入获得更多的产出，提升经济效益”。① 既往的高校要素配置方式，已然不能适应供给侧改革背景下的社会需求，必须选择更加符合高等教育规律和时代发展要求的资源配置方式，以科学的配置激发要素活力，用有限的教学科研资源创造更多能满足社会需求的公共产品，不断提高要素在高校办学中的利用率与生产率，进而形成以优质供给扩大社会需求、以社会需求激活教育要素、以教育资源的充分利用创造优质供给的良性循环。

① 金保华、刘晓洁：《高等教育供给侧结构性改革的理论逻辑和实践路径》，载《教育与经济》，2016 年第 6 期。

三、高校管理供给侧改革的实现路径

高校管理供给侧改革，既是当前高校迫切需要破解的难题，也是高校适应时代发展新形势新要求常抓常新的永恒课题。这种改革既没有成熟的经验可资借鉴，更无成功的模式可供套用，只有在实践中不断探寻新办法，寻找新路径。以高等教育发展规律和人才成长规律为遵循，以高校管理过往的经验教训为参考，推进高校管理供给侧改革应当从以下四个方面着力。

1. 以全新的教育理念引领高校管理供给侧改革。

高校管理从以消费侧为重点的传统模式转换到以供给侧为重点的新模式，是一次观念、体制、机制和方法的大变革。任何变革都需要新的理念做引领，理念是方向，是目标，是路径，也是动力源泉。传统高等教育的困惑与失败，归根结底是教育理念的困惑与失败。推进高校管理供给侧改革，首务是确立全新的科学教育理念。

首先是牢固确立改革动力在学校内部的理念。客观上说，高校管理供给侧改革的动因并不源于高校的自觉和主动，而源于经济供给侧改革对高等教育产生的巨大压力。改革的压力来自外部，改革的动力则需要从高校内部寻求。寄希望于借助外部的经济或行政的现成经验与影响，脱离高等教育自身的话语体系和教育规律来推进高校管理的改革，其结局是注定失败的。其次是牢固确立质量决定成败的理念。真正决定事业成败、引领时代潮流的是卓越人才和高端科技成果，高校管理供给侧改革的主要任务就是破解社会供给质量不优的问题，只有从提升高校供给质量入手，把"质量第一"的理念贯穿于高校管理供给侧改革的始终，才能实现改革的终极目标。最后是牢固确立面向社会和未来需求的理念。高校在保持独立办学和独特语境的同时，必须建立主动面向社会、融入社会的管理机制。

没有融入就没有合作互动，融入社会能使高校更有效地适应需求结构的变化，提升高校供给与社会需求的契合度。面向未来能确保高校始终站在时代发展前沿，以培养卓越人才和创造尖端科技引领社会发展。

2. 以课程、专业结构的调整推动高校管理供给侧改革。

在以全新的教育理念指导高校管理供给侧改革的同时，必须以课程专业结构的调整倒逼高校管理供给侧改革。从优化专业结构和课程设置着力，是推进高校管理供给侧改革的重要路径。

课程、专业建设是学校办学之本、育人之基。高校管理供给侧改革，需要在经济供给侧改革的政策导向下，整合高校教育价值理念，遵循高等教育本质规律，应对社会对人才需求的实然诉求，打破传统专业设置的限制，优化高校专业结构，引导各个专业合理定位，办出特色和效益。当前突出做好去掉落后和过剩的教育“产能”的工作，培育和做大经济转型、产业升级和文化发展所需的专业，破解研究型教育规模占比过大、高技能型教育规模占比过小的困局，满足社会不断变化的对人才与技术的需求。

突破传统的专业和课程设置闭环，建立面向社会需求的反应敏捷的调适机制，对高校课程设置和专业调整至关重要。“在课程体系设置和专业建设上，应拓展与政府、区域产业、企业的合作，校企联合制定创新人才培养目标，共同开发科技创新体系与教学内容，共同建设创新教育实践基地或实习实训平台。”① 高校应当组建专业团队对国家重大产业特别是新兴产业的形成与发展情况进行系统分析，加强对区域经济发展方向的研究，积极参与地方经济和文化建设，把握国家产业布局和发展趋势以及区域经济特点，并以此作为

① 鲁石：《多元视角下的高校创新人才培养》，载《教育与职业》，2017 年第 2 期。

学校专业和课程调整的现实依据。通过创新课程设置和专业结构，重构专业核心能力培养课程体系，培养学生专业知识与社会实践、价值取向与社会主流价值、个人管理能力与管理企业实力三大核心能力，有效提高人才培养质量。

3. 以教师队伍素质的全面提升促进高校管理供给侧改革。

高校教师队伍，是高校最宝贵最活跃的资源要素，是高校推进供给侧结构性改革的核心力量，提升教师队伍素质是培养高素质人才的基础和前提。针对目前高校教师队伍中存在的实践动手能力、课程设计能力和教学科研能力较弱等问题，亟须从完善高校管理制度、协调教师相关利益以及提升教师自身素质等方面着力，在拓展教师能力、激发教师活力以及优化教师配置上取得实质性突破。

拓展教师能力是高校教师队伍建设的当务之急。在传统的需求侧导向下，许多教师专业素养过于狭窄，实践操作技能十分缺乏，培养出来的学生能力单一，岗位适应性差。这是高校人才培养与社会需求严重脱节的主要原因，也是高校管理供给侧改革的重点部位。以适应专业调整为目标加强教师培训，强化教师专业素养；以校企合作为平台通过去企业和行业挂职锻炼，提升老师的实践教学能力；以“双师型”教师队伍建设为抓手，优化教育队伍的知识和能力结构等，都是拓展教师能力、完善复合型人才培养体系的有效之举。

激发教师活力是高校教师队伍建设的重要举措。教师作为高校最活跃的生产力要素，蕴含着巨大的发展潜力。目前高校普遍存在目标导向含糊、激励机制缺失、内在驱动乏力等问题，教师立德树人的主动性创造性没有充分激活。应当从改革高校管理机制入手，以科学的教师绩效评估为基础，拉大教师之间的利益分配差距，形成动态的待遇能上能下、职称能高能低、经费能多能少的良性机制，通过制度杠杆的调节，激发教师潜力与活力。

优化教师资源配置是高校教师队伍建设的关键环节。突破以学科导向配备教师的局限，按照社会需求和课程需要配置老师。引导教师特别是高层次教师坚守教学第一线，鼓励教师把科研课题与教学内容紧密结合，在教学中生成课题，以课题研究丰富教学内容，提升教学境界。改变教师队伍中高层次人才行政化趋向，打破职务壁垒，鼓励教师将事业留在教学一线，智慧用在教学一线，成就体现在教学一线。

4. 以科研能力的提升保障高校管理供给侧改革。

输送优秀人才、提供科技创新成果是高校服务社会之两翼，两者相辅相成，相得益彰。高质量人才培养需要高水平科研支撑，高校发展水平不仅取决于人才培养这一软实力，也取决于科研水平硬实力。推进高校管理供给侧改革，需要在高校科研实力提升、科研成果供给上有新的突破。

针对目前高校存在的科研力量分散，集成创新能力不强，重大科技攻关机制缺失以及重要科研成果缺乏等问题，要通过深化经费投入机制改革，充分发挥市场在科技资源配置中的作用，推动高校主动面向企业、面向社会找课题找项目；通过建立项目协调机制，及时调整、裁撤、合并一些缺乏社会价值的科研项目，最大限度释放科研活力；通过完善教师科研成果评价机制，打破以论文、课题论成败、定江山的评价壁垒，促使教师主动融入经济社会发展主战场，瞄准国家和地区急需的科技领域重点攻关，以高质量科研成果的涌现助力经济社会发展；通过深化科研成果转化机制改革，进一步加快高校科技园建设，构建教师科研成果转化和大学生创新创业服务链，以此弥补长期以来高校应用研究特别是创新研究成效不显的短板。

综上所述，本文基于供给侧改革所带来的刻不容缓、势在必行的高校管理侧改革现实，通过对高校供给侧改革基本取向的梳理，提出了从全新的教育理念引领，以课程、专业性结构调整，教师队伍综合素质提升，科研能力保障这四个高校供给侧改革的实施路径，以期能够对提升我国高校管理整体水平提供有益的借鉴。

（本文发表于《求索》2017 年第 5 期。略有删改）

湖南科技学院人才工作调研报告

为推进学校转型发展，加强师资队伍建设，科学合理制订人才工作“十三五”规划，2015 年 10 月，我率人事处负责人到人文与社会科学学院等十二个教学学院开展人才工作专题调研。调研以座谈为主，各教学学院领导班子成员和部分教师代表参加了座谈。稍后又专门召开部分教授、博士代表座谈会和部分青年教师代表座谈会。调研中，大家从不同的角度对学校的人才工作提出了许多好的意见和建议。我们根据这些意见和建议，结合学校的实际，做了一些深度思考，形成了一个调研报告，以供参阅。

一、我校“十二五”期间人才工作形势分析

过去五年，在学校党委、行政的高度重视和正确领导下，全校的人事工作取得了比较明显的成绩。具体体现在以下几个方面。

1. 师资总量逐年增加，队伍结构进一步优化

“十二五”期间，学校坚持“引培并举”的原则，优化调整人才引进模式，从实际出发出台并实施人才引进和培养的一系列制度和措施。五年来，共引进教师 317 人，其中正高职称 12 人，博士 20

人（6 人为自培），硕士 231 人。到 2015 年底教职工人数 1042 名，其中专任教师 602 名，生师比为 21.7：1，学校专任教师数量严重不足的矛盾有所缓解。

通过人才引进和培养，学校师资队伍结构出现可喜的变化。一是职称结构合理化。现专任教师中具有高级专业技术职务的教师 220 名，其中正高职称 52 名，二级教授 4 名。高级、中级、初级职称的结构比例分别为 36.5%、42.2% 和 21.3%，总体结构趋于合理。二是学历结构高层化。现专任教师中具有硕士学位以上的人数达到 509 名，占专任教师总数 84.6%，其中具有博士学位的有 54 名。三是年龄结构年轻化。青年教师逐步成为我校教学科研的生力军。从专任教师队伍的年龄结构看，35 岁以下教师占 51%，35～45 岁教师占 31.7%，46～55 岁教师占 14.3%，55 岁以上教师占 3%，专任教师平均年龄 37.8 岁。四是学缘结构多元化。学校在引进和聘用新教师时十分注重学缘结构的优化，新补充的教师来自全国各地大学，其中来自国家"211 工程"大学和省外大学的教师占大多数，"近亲繁殖"的状况逐渐改善。

2. 人才聚集效应初显，创新团队建设取得新进展

五年来，学校始终坚持"人才兴校"战略，大力实施"英才支持计划""特聘教授计划"，加强高层次人才队伍和学科带头人队伍建设，在创新团队、教学团队建设方面取得成效，国家级、省部级高水平研究成果取得突破。到目前为止，我校共有湖南省"新世纪 121 人才工程"第三层次人选 7 名，教育部"新世纪优秀人才支持计划"支持对象 1 名，湖南省学科带头人及其培养对象 5 名，湖南省青年骨干教师及其培养对象 50 名，校"英才支持计划"支持对象 6 人，特聘教授 3 人。学校紧紧围绕学科和团队建设，有计划地选拔派优秀教师到国内外高校、研究机构或企业学习、进修或进行学术

交流访问。一些教学科研团队的集群效应开始显现。

3. 人才工作机制不断完善，尊重人才的氛围初步形成

学校本着从实际出发的原则，完善人才发展战略，不断修订引进培养人才的规章制度，按需设岗、择优聘用、合同管理的用人机制初步建立。重业绩、重贡献和向高层次人才、重点岗位、教学一线倾斜的分配激励制度基本完善。一些人才工作方面的遗留问题正在逐步解决。珍惜人才、尊重人才的氛围逐渐浓厚。有些学院以诚意引人，以感情留人，给有才能的人提供创业的机会、发展的平台，人才引进和培养工作成效明显。

但是，在“十二五”期间人才工作方面，也存在一些明显不足。

一是引进高层次人才比例小。“十二五”期间我校引进正高职称人员和博士（含自培博士）等高层次人才仅仅占到引进人员总数的10%。引进的高层次人才都比较分散，在学科建设上难以形成团队优势。团队式引进高层次人才的工作还没有破题。

二是青年教师流失比较严重。据统计，近五年以各种理由调离学校的教职工达120人（2011年21人，2012年39人，2013年21人，2014年18人，2015年21人），其中正高4人，博士7人，硕士96人。40岁以下104人，占调离总人数的86.7%。有的把读博当作调离本校的跳板，一获得博士学位便申请调动；有的把职称看作外调的资本，一获得高级职称就要求走人。人才流失成为个别教学学院师资缺乏的主要原因。

三是人才政策不稳定。不少引进人才和稳定人才的政策措施带有很强的权宜色彩，每年的政策措施都不一样，有时还出现因人制策的现象。这种变化过于频繁的政策措施一方面导致前后引进的人才之间造成不平衡，影响教学科研积极性，另一方面也使教师对自己的未来缺乏信心，不知道如何把握、如何努力。

二、我校人才工作面临的形势和挑战

近些年来，全国高校都基本完成了由外延扩张到内涵发展的重大转型，内涵发展的取向加剧了高校之间的人才竞争。各类高校纷纷挖掘和利用各自优势招揽人才。有的学校区位优势明显，有的因地方经济发达学校资金雄厚，有的高端人才云集创业平台宽广，从而形成各具特色的吸引人才的洼地效应。同时随着国家大力重视实体经济的发展，企业也加大了专业人才引进的力度，高调参与人才竞争的行列。土木建筑、影视传媒、电子商务等方面的人才成为各类企业的“抢手货”，这对高校引进和留住人才提出了新的挑战。更为严峻的是，省内很多高校的办学水平相近、专业趋同，往往在同一层次上竞争同一类的专业人才，无形中加大了人才引进的难度和成本。

在这样一种大的背景下，我校的人才工作优势与劣势并存。优势主要在于近年来学校的知名度和美誉度不断提升，某些工作和学科竞赛在省内外有位置有影响；在于学校所在的永州市历史文化底蕴深厚，投资 70 个亿的历史文化名城建设将进一步改善学校的周边环境；在于学校所处自然环境良好，校园环境优美，是潜心务学、养性健身的好地方。与此同时，我校人才工作的劣势也十分明显。主要体现在以下几个方面。

1. 从硬环境看

一是学校所处的地理位置离省城相对偏远，所在地区经济较落后，城市建设、公共服务跟同类地级市相比较没有优势，特别是交通条件亟须改善。学校远离高铁和高速公路，进出学校的道路狭窄拥挤。学校周边优质基础教育资源缺乏，年轻教师要为子女入园和入学消耗大量时间、精力和经费。

二是学校为单一由师专升本的高校，学科专业不全，工科基础薄弱。缺乏有影响的领军人才和高水平的教学科研创新团队；优秀学科带头人和学术骨干的数量不足且尚未形成梯队；具有海外工作和留学经历的教师比例偏少，教师国际化水平相对较低。人才发展平台相对缺乏，以人才吸引人才的效应难以发挥。

三是学校负债较重，办学经费有限。与同类院校相比，教师待遇和公共福利偏低，学校要在近期大幅度提高教师福利待遇存在很大困难，少数年轻优秀的教师挡不住外面的诱惑而举家迁移。受经费限制，我们无法在人才竞争中以优厚的经济待遇来招揽人才，也无法大规模送教师去国内外名校学习深造。

2. 从软环境看

一是各单位对人才工作重视程度不一。有的单位没有人才培养和引进的规划，没有相关的措施，缺乏引进人才的主动性，只满足于坐等人才上门。有的学院因教学任务繁重，不愿意送年轻教师去学习培训；有的单位在利益分配上没有突出效率优先，教师教学科研的积极性没有充分调动；有的单位没有主动为年轻老师提供干事创业的平台，很多年轻教师很难分享有限的课题资源，以事业留人的工作不到位。

二是人才引进工作程序过长，工作效率不高。调研中普遍反映现有人才引进工作程序过长，工作效率低，效果不佳。主要表现在学校集体讨论决策时间过长，一些有签约意向的对象为此另觅单位，失去了签约时机。一些教学学院认为，学院人才引进的主体地位没有落实，选人用人权限没有下放，人才引进和师资培训经费没有下拨，主体作用和工作积极性没有得到充分体现。

三是建设“双师双能型”教师队伍任重道远。在向高水平应用型高校转型过程中，需要一大批优秀的“双师双能”型教师。我校具有行业、工程背景与专业从业资格和任职经历的“双师双能型”教师比例偏低；学校没有制发相关的政策文件，学院不知如何操作；在岗教师日常教学任务较重，没有足够的时间和精力到行业领域参加专业实践；因职称、编制、待遇等问题，学校从行业引进实践经验丰富的“双师双能型”教师面临很大困难。

从操作层面来看，我们面临的优势是“软”优势，如果把握不好、利用不足，优势就难以转化为机遇并迅速丧失；而挑战是“硬”挑战，如果不去科学应对，挑战永远是挑战，问题永远会横亘在发展的道路上，不会自动消失。只要全校上下紧紧把握高校转型发展这个契机，以人才工作为抓手，把人才发展战略作为学校的核心战略，科学谋划，统筹兼顾，精准发力，重点突破，就一定能使学校各个方面的工作充满活力、焕然一新，就一定能够开创学校工作新局面。

三、对学校人才工作的建议

人才工作千头万绪，需要做的事很多，更需要全校各个层次各个方面的高度重视和通力协作。我们认为，当前和今后一个时期，要重点做好三篇文章。

1. 改变工作思路和工作方法，切实做好人才“引进”文章

其一，要进一步完善人才引进政策。我校因为地域条件和现实发展的制约，人才引进工作难度大，必须结合实际，打破常规，做到不拘一格选人才。一要适度放宽学历门槛。对于非重点建设学科、专业和难以引进博士研究生的专业（如日语、法律、思想政治教育等专业），为满足现有教学需要，可以降低标准引进硕士研究生。对一些特殊专业，不能纠结于学历学位，适当引进体育健将、音乐美术类专业人才，根据其专业水平和社会影响力提供相应待遇。二要

适度降低成果门槛。过去引进人才只看重他们已经取得的科研成果，以此作为基本条件确定是否聘用和待遇档次，导致一些有发展潜力但科研成果不够的人才不能为我所用。今后引进人才既要看过去，更要看将来，进来的门槛可以适当降低，进校后实行聘期目标任务管理，主要根据进校后的科研成果来确定相应待遇，这有利于激发人才干事创业的活力。三要适度放开年龄门槛。要重视引进具有实际工作经验的人才，不人为用年龄门槛将他们拒之门外。引进学校急需的高层次专业人才、特聘知名客座教授或兼职教授，更应放宽年龄界限。

其二，要进一步提高人才引进效率。在激烈的人才大战中，效率就是生命。一要简化人才引进条件的程序。对原有的工作程序要重新进行审核论证，该取消的取消，该下放的下放，该精简的精简。二要明确各环节的审批时限。各相关单位要牢固树立以人才引进为己任的意识，主动服务，勇于担责，确保在规定的时限内完成审批手续。三要建立引进特殊人才和特别优秀人才的“绿色通道”，只要学院认准的特别优秀人才，可以“先上车后补票”，确定相应的试用期。对于教学科研方面有突出成绩和发展潜力的人才可以低职高聘，或参照更高层次人才待遇引进。

其三，要进一步明确人才引进职责。人才引进工作牵涉到许多单位和部门，必须职责明确，共同打造引进人才的良好环境。一是各教学学院要承担起人才联络和商谈的职责。要根据学科建设的需要，主动到各高校和科研单位去招揽人才，介绍学校情况，了解对方的意愿，达成基本意向后及时做好跟进工作。二是人事部门要主动做好统筹协调工作。三是后勤保障部门要热情做好相关待遇的落实。建立相关单位和部门的人才引进工作责任制和责任追究制。

其四，要保持人才政策的相对稳定。每一项人才政策的制定和人才措施的出台，都应当事先广泛征求教师意见，既贯彻上级的有关文件精神，又结合学校的实际情况，做到科学决策、民主决策和慎重决策，反对决策过程中出现短视现象和短期效应。决策一经出台，就要维护其严肃性和权威性，不能轻易更改变动，也不能因领导成员的调整而随意改弦更张。在落实过程中应当自觉遵守相关的规定，不能以言代法，以权压法，以势废法。确因客观条件发生变化而需对人才政策进行调整完善的，要充分考虑各方面的因素，做出最科学最合理的修订，并向广大教师做出说明。

2. 改善工作和生活条件，切实做好人才“稳定”文章

其一，努力改善学校的出行条件。积极向省委省政府和当地党委政府汇报，打通学校直连衡枣高速的快速通道。在零陵区历史文化名城建设中统筹考虑拓宽沿江大道。将学校整体融入历史文化名城建设规划，以学校增加城市的文化底蕴，以历史文化名城增强学校的历史纵深感。

其二，努力解决中青年教师的后顾之忧。我校现有 40 岁以下青年教师 680 人，占教职工总数 65%，这其中集中了大部分博士和硕士研究生一线教师。他们正处于干事创业的最佳年龄段，也是“上有老、下有小”、家庭负担最重的时期，学校要为他们子女就学创造更好的条件。建议学校争取市、区领导和教育部门支持，通过与当地政府联合办学等方式，在学校周边重点建设好一两所高水平的小学、初中，并争取市内的名高中对我校老师子女给予适当的录取优惠政策。同时关心关注两地分居的教职工，按照《湖南科技学院专任教师配偶照顾安置办法》，逐步解决符合条件的教职工两地分居问题。

其三，积极营造创业创新氛围。国家和省里都出台了鼓励大众创业万众创新的政策措施，学校也要抓紧制定鼓励教职工和学生创

新创业的办法，让有本领有技术的教职员工及学生有创业的冲动、机会和平台。要结合向应用型高校转型发展这个主题，鼓励和支持相关学院依法举办科技服务型经济实体，拓宽学校服务地方经济社会发展的渠道和方式，增加学生的实习平台，提高学生的综合素质。

其四，努力改善教师待遇。一要尽快改善年轻教师的居住条件。安居才能乐业，加强现有教师宿舍的管理，加快公租房建设进度。二要提高在读博士待遇，为在读博士读书期间提供基本生活保障。三要加快校园信息化建设，解决青年教师在宿舍不能上网的问题。四要进一步完善课题申报和审批制度，给年轻老师更多的事业发展平台。

3. 创新培养激励机制，切实做好人才“提升”文章

其一，完善教学科研成果奖励办法，重奖教书育人和科研成果成绩突出的教师。将奖励的重心由进校前的成果转到进校后的业绩上来，充分调动教师工作积极性，发挥奖励的导向和激励作用。通过拉开优秀教师和一般教师的收入差距，达到以待遇留住优秀人才和提升优秀人才教学科研水平的目的。

其二，为青年教师进修访学提供必要条件。青年教师代表学校的未来，他们在学校创新发展、转型发展和内涵发展中起着重要作用。但他们常常因教学任务重而没有时间和精力外出进修和访学。要在合理确定总课时量的前提下，适当减少青年教师的课时量。要进一步完善教师进修培训访学计划，健全相关制度和机制，保障教师外出进修培训访学的利益。要加强教师进修培训访学的考核评价，将培训进修效果与绩效工资挂钩，与晋级晋职挂钩。

其三，建立和完善导师制、学科带头人制度。要充分发挥名师在教学科研中的领头羊作用，建立相关学科名师工作室，形成团队优势，培养年轻教师。学校对名师工作室给予一定的经费支持，并

每年加以考核。要充分发挥学科带头人的作用，真正把学科做优做强。学科带头人要实行动态管理，对多年无建树无成果的，要取消学科带头人的资格和待遇。学校引进的特聘教授和兼职教授，都要明确学科建设和培养后学的管理目标。

其四，加快“双师双能”型教师队伍建设步伐。要抓紧制定切实有效、操作性强的制度和机制，引导和鼓励中青年教师到企事业单位挂职顶岗锻炼，掌握一至两门与专业相关的实用技能。同时有计划地外聘行业、企业技术专家、能工巧匠到学校上专技课，打造校企互通、专兼一体的“双师双能”教学团队，实现专兼职教师优势互补。将“双师双能型”教师队伍建设纳入教学学院目标任务考核，制定奖惩激励办法，根据工作绩效调整经费支持比例。对“双师双能型”教师队伍建设效果突出的教学学院，要大力推广其成功经验，充分发挥其引领示范作用。

后　记

我于2015年初正式到湖南科技学院上班，任院党委委员、副院长。学校主要领导考虑我是从行政机关转岗过来的，有一定的行政管理经验，就安排我分管学校的人事工作。我在感谢组织信任的同时，心里其实也很忐忑。我知道，行政部门和高校的人事工作有很多的不同。我在永州市任教育局长期间，所管理的对象大多数是机关公务人员。虽然全市各学校的教师也是市教育局服务管理的对象，但这种管理都是间接管理，或者说是一种指导关系，县区教育行政部门才是老师的直接管理者。直到2011年永州市教育局才应市人大代表和政协委员的要求直管了两所高中，一年之后又将原先由零陵区管理的特殊教育学校收归市教育局直管，加上原来市教育局管理的祁阳、道县两所师范学校，一共直管了5个教学单位。但毕竟人事关系比较简单，教师的工资都是由市财政直接拨付，师资异动也受到市人社局和编制部门的严格监控。加之上级部门明确要求一把手不直接分管人事工作，我又是一个比较放权的人，所以虽然我在市教育局任职近8年，在人事工作方面积累的经验并不多。而湖南科技学院作为一所地方本科院校，编制内的教职员工有1100多人，绝大多数都是知识分子，具有较高的知识文化修养。高校作为事业单位，人事管理的制度机制和措施手段都与地方行政部门有很大的差异。所以我接手学校人事工作之后，不敢有丝毫的大意和怠慢，在完成日常工作之余，认真学习国家和省里相关的人事政策与规定，熟悉学校以前出台的相关文件和要求。同时深入各教学学院和机关教辅单位开展人事工作专题调研，熟悉实际情况。还专门召开青年教师、高学历高职称教师座谈会，听取他们的意见和建议。在校党委的领导和校行政的统一安排下，扎扎实实开展工作，确保了人事工作的顺利进行。

人事工作千头万绪。有工资制度改革、绩效工资分配、职工养老保险改革和教师队伍建设等。每项工作都关涉到教职员工的切身利益，都不能出现任何差错和问题。在这些众多具体事务中，我感到压力最大、任务最重的是教师队伍建设。在地方本科院校转型发展、建设“双一流”大学和经济供给侧结构性改革的大背景下，一方面加强教师队伍建设势在必行、时不我待，另一方面人才竞争日趋激烈，引进人才、稳定人才的难度越来越大。缺乏区位、交通、资金和事业平台优势的地方本科院校，靠什么来吸引人才、留住人才？现实生活中，学校一直非常重视人才的引进和稳定，每年都有不少优秀人才来到学校工作，但每年也有不少人才离开学校。从学校角度讲最好是优秀人才只进不出，但强行扣住他们的档案不放并不是有效的方法，有走必放也不利于学校教师队伍的建设。这种两难选择是地方本科院校经常面对的问题，也是校领导经常承受的压力，这种压力一方面来自人才本身，只要他想离开而学校不放，他就会借助媒体施压；另一方面来自学校其他教师，他们经常质询为什么谁又走了，学校为什么不留住他们，等等。无论压力还是责任，我作为分管负责人，都是首当其冲，这迫使我对教师队伍建设作更多的思考。这些年，我既向校内的领导和行家求教，又到兄弟高校去参观取经，也参阅了大量的相关理论书籍，力求探寻一条符合地方本科院校实际的教师队伍建设之路。在探寻的过程中，我把自己的一些思考心得记录下来，有的在刊物上发表，有的则集中起来，形成这么一本文稿。正如我前面所言，比起那些长期从事高等教育管理的领导和专家，我还是一个新手，很多观点不一定科学，很多方法不一定正确，很多表述不一定恰当。我期待各位朋友和专家的指正。

感谢我的老领导管天球书记拨冗给本书作序，也感谢一直以来对我关心、指导、包容的各位领导和朋友。

作者

2017 年 5 月于永州